Ein Garten fürs Leben

Mit Manfred Lucenz und Klaus Bender durch das Gartenjahr

Fotografien von Jürgen Becker

DUMONT
monte

Inhalt

Vorwort

Warum sollen Hobbygärtner über ihren Garten ein Buch schreiben? Noch dazu, wo in einem großen Garten reichlich Arbeit anfällt und es nicht noch zusätzliche Belastungen braucht. Trotzdem haben wir uns auf dieses »Experiment« eingelassen, und es hat uns viel Spaß gemacht.

Grundlage dieses Buches sind die Fotografien von Jürgen Becker, der unseren Garten seit über vier Jahren begleitet. Er versteht es hervorragend, die wechselnden Stimmungen der einzelnen Gartenteile festzuhalten. Und während das Gartenjahr weiter fortschreitet, hält er mit seinen Bildern Situationen dauerhaft fest. So ist nach und nach ein Bildervorrat für graue Tage und darüber hinaus entstanden. Durch die Fotografien wird deutlich, warum wir immer wieder aufs Neue bereit sind, zu pflanzen, zu säen, unsere Zöglinge zu pflegen und zu ernten. Denn der Garten bietet ein ästhetisches Erlebnis als ein sich in Form, Farbe und Duft ständig verändernder Lebensraum. Mit ihm erfahren wir eine alltägliche Lebensqualität, die keinen grauen Alltag entstehen lässt.

Jeder Garten hat seinen eigenen Kalender. Die Jahreszeiten sind deshalb nur ungenaue Angaben, um ein Gartenjahr zu beschreiben. Unser Garten besitzt Leitpflanzen, die ihn für vier oder sechs Wochen prägen. Im Frühjahr ist es die Fülle der Narzissen, die den Auftakt zu einer Farbsymphonie bildet. Weit mehr als 10 000 in vielen verschiedenen Sorten sorgen für ein gelbweißes Blütenmeer. Alle blühenden Sträucher und Bäume sind in dieser Periode lediglich schmückendes Beiwerk. In jeder Ecke des Gartens tauchen Narzissen auf, mal einzeln, mal massenhaft und dicht gedrängt wie im Wiesengarten. Wenn die Narzissenblüten langsam vergehen, beginnt eine neue Epoche. Dann zeigen die Bäume, Sträucher und Hecken ein frisches Grün und im Garten bestimmt die Tulpe die Atmosphäre. Violett, Rosa, Weiß haben die Farbe Gelb abgelöst und die Tulpen, in Form und Farbe sorgsam abgestimmt, bestechen durch ihre Eleganz. Der Garten ändert innerhalb weniger Tage sein Gesicht. Alles ist verhaltener, geradezu zurückhaltend elegant. Nur drei Wochen später prägen dann die malerischen Iris die nächste Epoche. Nach ihnen bestimmen Rosen und ihr kühler, blauer Begleiter, der Rittersporn, das Bild. Den Wendepunkt des Gartenjahres markieren die Lilien. Der Überfluss an Duft, Farbe und Form lässt jedoch schon erahnen, dass das Gartenjahr bald enden wird. Die nachfolgenden Herbstzeitlosen verbreiten mit ihren

lilafarbenen Blütenkelchen eine sanfte Melancholie, die zur Winterpause überleitet. Diese gibt es in unserem Garten eigentlich gar nicht, denn die Wintermonate sind die kreativste Zeit des Jahres. Es wird umgepflanzt und gestaltet, ein neues Gartenjahr vorbereitet, so wie es in unseren Köpfen schon entstanden ist.

Um uns Anregungen für die Gestaltung unseres Gartens zu holen, sind wir zunächst ins westliche Europa gereist, da in England, den Niederlanden, Belgien und Frankreich seit Jahrzehnten Privatleute ihre Gärten öffnen. Dort konnten wir viele individuelle Gestaltungsmöglichkeiten entdecken. Uns wurde bewusst, dass Deutschland in Sachen »Garten« ein Defizit aufweist. Wenn hier von Gärten die Rede ist, sind meist Schloss- oder Klostergärten gemeint. Der bürgerliche Garten dagegen ist nicht stark verbreitet. Er hat keine ungebrochene, lange Tradition wie bei unseren westlichen Nachbarn. Nach den zwei Weltkriegen mussten die Grundstücke mit Kartoffeln, Gemüse und Salat für das Überleben genutzt werden. Wem es besser ging, der kaufte sein Gemüse ein und brauchte sich nicht mehr die Hände schmutzig zu machen. Da auch meist kein Geld für besondere Pflanzen vorhanden war, konnte sich eine bürgerliche Gartenkultur nur schwach entwickeln.

Dass sich dies langsam ändert, haben wir persönlich nach den Fernsehsendungen über unseren Garten erfahren. Seit einiger Zeit öffnen sich auch in Deutschland an vielen Stellen die Pforten von Privatgärten. Dabei merkt man, dass sich auch andere Gartenbesitzer an unseren westlichen Nachbarn orientieren. Unser Klima zwingt allerdings zu Modifikationen und lässt Neues entstehen.

Mit diesem Buch wollen wir von der Lebensfreude und der alltäglichen Lebensqualität berichten, die unser Garten mit sich bringt. Vielleicht steckt die Begeisterung an, vielleicht lässt sich einiges aus unserem Erfahrungsschatz auch in anderen Gärten umsetzen.

Wenn Hobbygärtner ein Buch schreiben, brauchen sie Hilfe. Deshalb möchten wir uns bei all denen bedanken, die mitgewirkt haben, dass es in dieser Form entstanden ist: Frau Gisela Dornhoff, Frau Andrea Rausch sowie unser Freund Helmut Pfluger waren wichtige Stützen bei der Erstellung des Manuskriptes. Die Mitarbeiterinnen des DuMont-Monte-Verlages haben uns ermutigt und über ihre sachkundige Arbeit hinaus motiviert, dieses Projekt zu Ende zu bringen.

Manfred Lucenz und Klaus Bender
Schneppenbaum im Dezember 2002

Wie unser Garten entstand

Aus Kindheitserinnerungen werden Gartenträume

Der Anfang unseres Gartens im niederrheinischen Schneppenbaum basiert auf zwei Zufällen, die sich als wahre Glücksfälle herausstellten.

Der erste war das Erbe des kleinen Bauernhauses mit etwas Ackerland und 4000 m² Weide, das wir zunächst als eine zwiespältige Angelegenheit ansahen. Was sollten wir mit so viel Land anfangen? Zudem war das kleine Bauernhaus renovierungsbedürftig und die Instandsetzung würde viel Geld kosten. Das Ackerland kaufte uns zwar ein Nachbar ab, doch für die erste Teilrenovierung war das Geld schnell verbraucht. Die Wiese von 4000 m² blieb in unserem Besitz und verwilderte teilweise. Der Nachbar ließ seine Kühe darauf weiden, und in den Randzonen wuchsen weiterhin Brombeeren, Brennnesseln und Giersch, mit deren Resten wir heute noch kämpfen. Irgendwann wurde uns klar, dass wir für dieses Grundstück eine Lösung finden mussten.

Damals, Anfang der achtziger Jahre, waren Gartenteiche in Mode, die jedoch unter dem Begriff »Biotop« den Anspruch erhoben, Rettung für die von der Landwirtschaft ausgeräumte Feldflur zu sein. Diese allgemeine Tendenz traf auf Kindheitserinnerungen, denn in unserer an natürlichen Teichen armen Umgebung grub der Vater damals unter Beerensträuchern einen alten Holzbottich von etwa 1 m Durchmesser ein. So entstand dort für zwei oder drei Sommer lang ein Miniteich mit Kaulquappen und Stichlingen; sogar einige Grundlinge und ein kleiner Hecht tummelten sich darin. In einem Sommer thronte auf einem Stein,

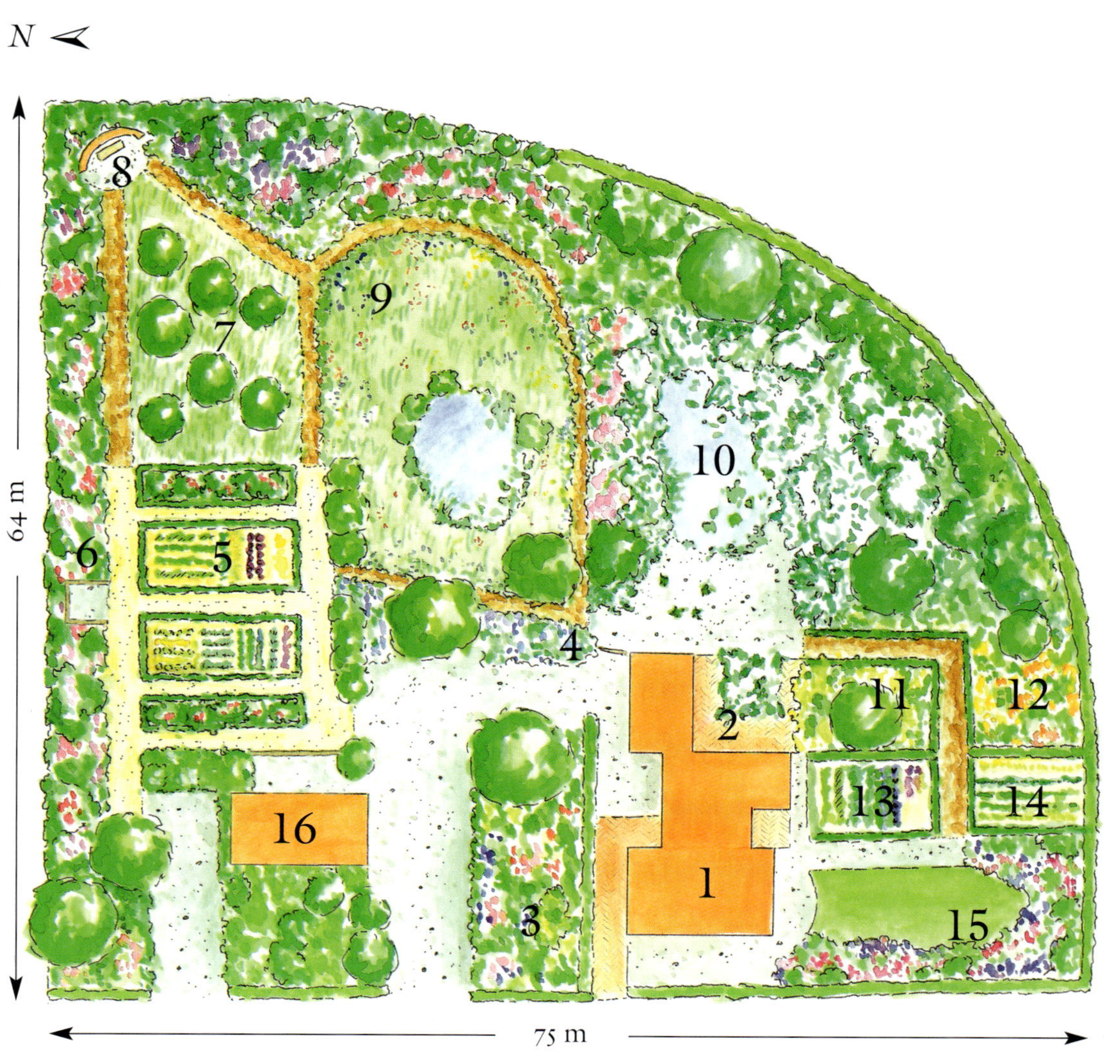

Den Anfang unserer Gartenanlage bildete der Teich im »Weißen Garten«. Wasser, Steine und Pflanzen wurden die bestimmenden Gestaltungselemente.

Legende Karte:

1. *Bauernkate*
2. *Terrasse*
3. *Buntes »Cottagebeet«*
4. *»Blaues Beet«*
5. *Gemüsegarten*
6. *Hochbeete und Rosenböschung mit Sitzplatz*
7. *Obstbaumwiese*
8. *Sissinghurstbank vor Mauer und Rhododendrenpflanzung*
9. *Narzissenwiese mit 10000 Narzissen, Tulpen, Wildstauden und Teich in der Mitte*
10. *»Weißer Garten« mit Teich in der Mitte*
11. *»Gelber Hügel«*
12. *Beet in Sonnenfarben*
13. *Anzuchtbeete*
14. *Kräutergarten*
15. *»Purpurgarten«*
16. *Remise*

der aus dem Wasser herausragte, eine dicke, Ehrfurcht gebietende Kröte. Das Ende dieses Kinderteiches war von der Haltbarkeitsdauer des Holzbottichs bestimmt und mit dessen Zusammenfallen ging auch das Interesse verloren. Doch mit dem großen Grundstück vor Augen tauchte diese Erinnerung aus den Tiefen des Unterbewusstseins wieder auf. Sie kreuzte sich mit den literarischen Kenntnissen des Partners, der aus dem Briefwechsel zwischen Virginia Wolf und Vita Sackville-West die Idee eines »Weißen Gartens« entnommen hatte, ohne zu wissen, dass es einen solchen auf Sissinghurst in Kent bereits gab. Diese Kombination fanden wir beide attraktiv: Ein Teich, dessen spiegelnde Wasserfläche stets etwas von dem vielfältigen und geheimnisvollen Leben darunter erahnen lässt, und dazu nur weiß blühende Pflanzen, die wir uns immer in Kombination mit Schatten oder milchigem, unklaren Licht vorstellten.

Fruchtbare Lehrjahre bei Elisabeth Renner

Bereits Jahre vor dieser Idee erwarben wir eine Lastwagenladung Steine aus einer niederrheinischen Kiesgrube, denn Steinen galt seit jeher unser beider besonderes Interesse. Sie erzählen hier am Niederrhein alte Geschichten von langen Wanderungen mit dem Eis der Kaltzeiten aus Skandinavien. Neben solchen interessanten Graniten findet man in unserer Landschaft auch Basalte, die mit dem Urstromtal des Rheins aus der Eifel eingewandert sind. Steine, Wasser und Pflanzen sollten an diesem Teich eine Verbindung eingehen. Ausgestattet mit einigen angelesenen Kenntnissen gingen wir an die Ausführung. Eine nierenförmige Grube wurde ausgehoben, die Sumpfzonen bestimmt und mit dem Aushub ein Wall um den zukünftigen Teich modelliert. Die ersten Steine wurden herbeigeschafft und ausgelegt. Spätestens jetzt merkten wir, dass die von uns platzierten Steine auf dem Wall wie Fremdkörper wirkten. Wir hatten sie so gestellt, dass ihre volle Größe zur Geltung kam. Doch das wirkte eher wie ein vergessener Friedhof, planlos und sperrig.

Jetzt trat der zweite glückliche Zufall ein. Klaus Bender erinnerte sich daran, dass nahe unserem Pfarrhaus in Moyland eine bereits betagte Nachbarin wohnte, eine ehemalige Gartengestalterin. Sie ließ sich nicht lange bitten, und auf unsere Anfrage hin erschien Eli-

links: Die alte Pumpe ist ein Relikt aus jener Zeit, als das abgelegene Bauernhaus noch nicht an das öffentliche Wassernetz angeschlossen war.

rechts: Altes Steinmaterial liefert uns immer wieder neue Gestaltungsideen. Diese Granitplatten sind jetzt Trittsteine am Wiesenteich.

sabeth Renner, damals 76 Jahre alt, alsbald auf unserem noch recht wüsten Gelände in Schneppenbaum. Mit kritischem Blick prüfte sie unsere gärtnerischen Anfänge, erkannte den Beratungsbedarf und erteilte uns die ersten hilfreichen Ratschläge. Es waren zwei Hinweise, die in imperativen Sätzen gleichzeitig die Bedingungen beinhalteten, unter denen sie gewillt zu sein schien, uns zu helfen. Erstens musste die Teichform in eine ovale oder runde Form geändert werden. Über die schon geschaffene Nierenform mokierte sie sich mit dem Hinweis auf unsere Kindheit in den Fünfzigern, in der wir wohl zu oft an nierenförmigen Tischen gesessen hätten. Darüber hinaus lehrte sie uns, den Gartenteich nicht mit einem See in der Natur zu vergleichen. Die Begrenztheit der Fläche verlange klare Formen, um nicht eine Minilandschaft nachzubauen, die dann zwangsläufig niedlich bis kitschig erscheine. Die zweite Bedingung bestand darin, dass auf die Grundfläche des Teiches eine 5 cm dicke Schicht gesiebter Lehm aufgetragen werden müsse, damit die Teichfolie einen festen, steinfreien Untergrund erhält. Wir erfüllten beide Bedingungen widerspruchslos. Die schon geschaffene Teichform musste durch Handarbeit geändert werden. War das schon eine kräftezehrende Unternehmung, wurde sie aber übertroffen vom Sieben des Lehms für die Teichgrube. Um den angeordneten Untergrund für den 12 × 8 m großen Teich zu schaffen, haben wir die gesamten Osterferien des Jahres 1985 am Metallsieb verbracht, durch das wir den Lehm größtenteils reiben mussten. Dabei haben wir mehrere Metallbespannungen des Siebes zerrieben, bis endlich die gewünschte steinfreie Schicht die Teichgrube bedeckte.

Später erfuhren wir, dass wir die Teichfolie auch ganz einfach mit Sand hätten unterfüttern können. Aber mit dieser Aktion hatte Elisabeth Renner einen Härte- und Ausdauertest mit uns machen wollen. Sie wollte wissen, ob unser noch im Anfangsstadium

Der Garten sollte seinen bäuerlichen Ursprung nie verleugnen. Diese fröhliche, überbordende Pflanzenfülle haben wir englischen Cottage-Gärten abgeguckt.

befindliches Garteninteresse auf fruchtbarem Boden keimte oder ob es sich nur um ein modisches Strohfeuer handelte. Sie war eine kluge Frau und sah nüchtern die Begrenzung ihrer Lebenszeit. Diese Zeit wollte sie nicht mit hoffnungslosen Unternehmungen vertun. Glücklicherweise haben wir den Test bestanden.

Nun begann eine zweieinhalb Jahre währende Lehrzeit auf vielen Ebenen, die uns bis heute geprägt hat. Wir lernten, Steine zu legen, sodass sie sich organisch in die Gartensituation einfügten. Frau Renner lehrte uns die Merkmale der Wegeführung, die Anlage von Wegen sowie alle wichtigen Formen im Garten, ebenso eine Geländeform mit all ihren Möglichkeiten wahrzunehmen. Unter ihrer Regie entstand nicht nur der »Weiße Garten«, sondern auch der »Gelbe Hügel«, die »Orangefarbene Ecke«, das »Cottagebeet« und die Haupteinfahrt. Sie bewies viel Geduld mit uns. Zur Unterstützung bei besonders aufwändigen Arbeiten schickte sie uns sogar ihren eigenen Gärtner, manchmal musste auch ihr Privatchauffeur mit anfassen. Den sorgfältigen Aufbau der Haupteinfahrt mit den verschiedenen Untergrundschichten konnte sie zuletzt leider nur noch vom Krankenbett aus überwachen, indem man ihr dort Polaroidbilder vom täglichen Fortschritt der Arbeiten vorlegte. Im Herbst 1987 verstarb sie, nur wenige Wochen nach Fertigstellung der Auffahrt. Sie hinterließ jedoch keine gartentechnischen »Waisenkinder«.

Für die Weitergabe ihres Wissens und den systematischen Aufbau unserer Kenntnisse sind wir ihr sehr dankbar, auch weil wir dank dieser Grundlagen mittlerweile allein in der Lage sind, unseren Garten und unser gärtnerisches Wissen zu vertiefen und zu erweitern.

Ein Garten fordert Überlegung und Geduld

In den frühen Anfängen unserer Gartenanlage waren wir nie davon ausgegangen, dass wir das gesamte 4000 m² große Grundstück gestalten würden. Doch ohne es bewusst zu registrieren, sind wir in einen neuen Lebensabschnitt geglitten. Für ein Ehepaar ist die Geburt eines Kindes ein einschneidendes Erlebnis, für uns als Männerpaar sind es viele kleine Schritte gewesen, die unser Leben langsam und nachhaltig veränderten. Diese waren zum Teil geprägt durch ganz praktische Entscheidungen. Zum Beispiel mussten wir bei der notwendigen Anschaffung eines neuen Wagens mit knapper gewordenen Finanzen zurechtkommen. Die Entscheidung fiel zugunsten des Gartens aus und wir beschränkten uns auf einen Kleinwagen. Zum Entsetzen des Autohändlers kauften wir einmal ein Auto am Telefon, weil wir keine Zeit für lange Vergleiche aufwenden konnten oder gar eine besondere Farbauswahl treffen wollten. Es musste schnell gehen. Denn es war nicht nur das Geld, sondern auch die Zeit, die wir in den Garten investierten.

In den ersten Jahren waren grundlegende Arbeiten, wie etwa Veränderungen der Geländeform, notwendig. Hohlkehlen mussten mit viel Erde zu Böschungen modelliert werden. Das Sieben des Lehms zeigte sich in dieser Hinsicht als eine gute Vorbereitung für viele verschiedene zeit- und kraftaufwendige Arbeiten. Unsere Mentorin hatte strengstens den Einsatz schwerer Maschinen verboten. Was wir zunächst als eine fast sadistische Marotte der alten Dame empfanden, ver-

Der Blick in die Nachbarschaft zeigt, dass die Umgebung an mehreren Stellen in den Garten mit einbezogen worden ist.

links: Auf dem höchsten Punkt des Geländes steht die Sissinghurst-Bank. Die ovale Mauer im Hintergrund ist aus alten niederrheinischen Feldbrandsteinen errichtet worden.

rechts: Die alte, mit Blei überzogene Holzkugel stammt aus der Barockzeit – die Buxus-*Kugeln entlang des Weges greifen die Form wieder auf.*

standen wir erst viel später. Bei Freunden entstand die Oberflächenform des Gartengeländes mit Hilfe von Baumaschinen zwar schnell, aber der Boden war durch den Einsatz solch schwerer Geräte dermaßen verdichtet worden, dass das Pflanzenwachstum erheblich beeinträchtigt wurde. Noch oft haben wir in anderen Gärten die fast nicht mehr zu behebenden Schäden durch eine Bodenverdichtung beobachtet und sind im Nachhinein dankbar, den Rat unserer Mentorin befolgt zu haben.

Natürlich gestaltete sich durch diese Arbeitsweise der gesamte Entstehungsprozess der Gartenanlage langsamer. Wir lernten notgedrungen, Geduld und Ausdauer als wichtige Eigenschaften von Gartenbesitzern zu akzeptieren. Für unser Gelände war das von Vorteil, denn viele Gestaltungsprobleme wurden nicht mit schnellen Aktionen gelöst, die vielleicht später nicht mehr zu revidieren gewesen wären. So hatten wir beispielsweise für die Gestaltung des höchsten Punktes in unserem Gelände eine Laube als Möglichkeit angedacht, die wir im Garten des Schriftstellers R. Kipling in England gesehen hatten. Freundlicherweise bekamen wir von dort auch die genauen Abmessungen der Laube zugesandt. Doch als wir begannen, das Fundament – natürlich von Hand – auszuheben, merkten wir, dass die vorgesehene Gestaltung so nicht stimmig war. Wäre das Projekt innerhalb von wenigen Tagen mit Maschineneinsatz ausgeführt worden, hätten wir wohl kaum eine Korrektur unseres Vorhabens durchgeführt. So wurde ein neuer Entwurf gemacht und realisiert: die Sissinghurst-Bank. Mit ihr entstand eine bis heute überzeugende Gestaltung dieser Gartenpartie.

Geduld und Ausdauer sind auch im Umgang mit Pflanzen eine der wichtigsten Eigenschaften, die wir im Laufe der Gartenjahre entwickelt haben. Meist zeigt sich erst zwei oder drei Jahre nach der Bepflanzung, ob die angedachte Lösung schlüssig ist. Und jede Korrektur braucht mindestens eine Vegetationsperiode, bis man erkennt, ob eine neue Pflanzenkombination stimmig ist. So haben wir etwa acht Jahre experimentiert, bis wir für den Wiesengarten eine Staudenmischung herausgefunden hatten, die unseren Vorstellungen entsprach. Fehler, die wir reichlich gemacht haben, entmutigten uns nicht, sondern waren Ansporn, immer wieder neue Lösungsmöglichkeiten zu suchen und auszuprobieren.

Dem Garten ein charakteristisches Gesicht verleihen

Die Anfangsjahre lehrten uns vor allem genaueres Hinschauen und Beobachten. Unsere Mentorin hatte uns aufgefordert, viele Gärten aufzusuchen und uns dort Anregungen zu holen. Regelmäßig wurden wir auch durch ihren großen, parkähnlichen Garten geführt. Der Charakter ihres Gartens war zwar von ganz ande-

Gezielt ausgewählte Stilelemente und Materialien ...

... sollen den unverwechselbaren Charakter eines Gartens unterstreichen. Bei uns sind die vielen alten, handbearbeiteten Steinelemente ein wesentlicher Bestandteil des Gartens. Es sind Details, die sich nicht aufdrängen, aber für das Gesamtbild entscheidend sind. Prägende Gestaltungselemente sind weiterhin die Beläge der Gartenwege und Plätze, wobei lockerer Kies, heller Sand und weicher Rindenmulch unsere bevorzugten Materialien sind. Alle Elemente sollen dem Charakter des Gartens sowie des Hauses entsprechen und eine harmonische Einheit bilden, was mitunter Ausdauer bei der Suche und Auswahl verlangt.

links: Über lange Zeit haben wir bäuerliche Vorratsgefäße gesammelt. Sie passen, wie die alten Baumaterialien, hervorragend in unsere ländliche Umgebung.

rer Art als unserer, aber sie unterwies uns, auch dort Dinge zu sehen, die für uns wichtig waren. Ein Schwerpunkt war für sie, dass wir lernten, einen Garten im Gesamtzusammenhang zu begreifen. Was bei ihr, in einem großen Gelände mit Waldcharakter, möglich war, würde in einem bäuerlichen Umfeld deplatziert wirken. Das galt natürlich auch umgekehrt. So lernten wir, eine Auswahl zu treffen, nicht alles haben zu wollen, sondern auf den Charakter und die Umgebung eines Hauses und des damit verbundenen Gartens zu achten. Das wurde besonders deutlich in der Auswahl der Materialien, mit denen wir unseren Garten gestalteten.

Es begann mit der Überlegung, wie wir eine größere Terrassenfläche im Innenhof belegen sollten. Wir entschieden uns schließlich für einen Boden aus alten Feldbrandsteinen, da diese wunderbar zu dem alten Bauernhaus passen. Als in unmittelbarer Nähe ein historisches Gebäude abgerissen wurde, griffen wir zu. Die Steine aus dem 17. Jahrhundert sollten in eine Sandgrube gekippt werden, doch zum Glück konnten wir uns noch genügend Steine retten. Gemeinsam mit Freunden beluden wir einen Treckeranhänger und hatten ausreichend Steine für unsere 70 m² große Terrasse beisammen. Es berührt uns noch immer, dass diese Steine zum Alterssitz des Prinzen Johann Maurits von Nassau-Siegen gehörten, der ab 1650 um die Stadt Kleve eine der berühmtesten Gartenanlagen des 17. Jahrhunderts geschaffen hatte. Schließlich kam auch die Schwelle seines Hauses, die aus Basalt besteht, zu uns.

Nach diesem Erlebnis fuhren wir immer wieder über Land, den Blick für alte Baumaterialien geschärft. Dabei konnten wir uns häufiger (in der Art der Leichenfledderer, wie wir empfanden) aus dem Abbruch historischer Häuser bedienen. Als ein Gutshaus aus dem Jahre 1806 abgerissen wurde, dienten die Steine als Unterfütterung einer neuen Straße. Nur die Fensterbänke aus handbehauenem Ardennenschiefer (Blaustein) wurden zur Seite gelegt, weil der Bagger sie schlecht greifen konnte. Für einen Kasten Bier konnten wir sie mitnehmen und als Treppenstufen verwenden. Auf Bauernhöfen entdeckten wir immer wieder Stufen, Schleifsteine oder alte Viehtröge aus Naturstein, die wir für wenig Geld erwerben konnten.

Bei den Belägen der Gartenwege und Plätze sind Kies, Sand und Rindenmulch die Materialien unserer Wahl. Es war wiederum unsere Mentorin, die uns dar-

Ein Nebeneinander von Alt und Neu

In unserem Garten gibt es keine prinzipielle Zuordnung von alten und neuen Materialien. Die Basaltstufen aus dem 17. Jahrhundert haben keine scharfen Kanten, sondern sind leicht ausgetreten. Sie fügen sich wie selbstverständlich in die Anlage ein und verleihen dem Garten eine gewisse Patina. Neue Stufen mit scharf geschnittenen Kanten und gerader Oberfläche würden sofort auffallen. Bei einem Neubau wäre das natürlich umgekehrt. Für die Stützmauern, mit denen wir oberhalb des Gemüsegartens einen steilen Hang terrassiert haben, bot sich eine Kombination aus alten, unregelmäßigen Feldbrandsteinen mit neuen, scharfkantigen Abschlusssteinen (Blaustein) an den Ecken an. Auf diese Weise gehen nicht nur die Steine selbst, sondern auch die Geschichten, die mit ihnen verbunden sind, nicht verloren, sondern prägen die Stimmung unseres Gartens.

auf aufmerksam machte, dass auch der Belag der Wege in einem Gesamtzusammenhang stehen muss. Die Hauptzufahrt auf das Grundstück, 3,50 m breit und 25 m lang, wollten wir zunächst mit altem Kopfsteinpflaster befestigen. Elisabeth Renner riet uns aber dringend ab und hielt uns vor, dass wir dann ein Stück städtischer Straße auf ein kleines dörfliches Bauerngrundstück verlegen würden. Da die Kosten für eine Pflasterung erheblich gewesen wären, ließen wir uns überzeugen. Heute sind wir froh darüber, dass wir damals nicht das Geld für einen derart aufwendigen Belag zur Verfügung hatten. Die Zufahrt, die einen sorgfältigen Unterbau aus mehreren Schotterlagen erhielt, fügt sich jetzt harmonisch in den Garten ein und ist eine der Flächen, die Ruhe ausstrahlt. Die Pflasterung eines so großen Bereiches wäre zu dominierend gewesen und hätte nicht zur bäuerlichen Umgebung gepasst.

Sand ist in unserer Region der traditionelle Wegbelag im Gemüsegarten. Die helle Farbe passt gut zu den Buchsbaumhecken und hebt diese gleichzeitig hervor. Zudem ist er pflegeleicht, da die Wege an sonnigen Tagen schnell durchgehackt und unkrautfrei gehalten werden können. Alle zwei bis drei Jahre muss der Sand erneuert werden, was aber sehr schnell geht. Als Übergänge zu den anderen Gartenteilen haben wir alte Stufen als Schwellen gelegt.

Rindenmulch ist ein ebenso unauffälliger wie angenehm zu begehender Wegbelag in einigen Teilen unseres Gartens. Man geht leicht und federnd wie über einen Waldboden und an sonnigen Tagen duftet es auch danach. Der Unterbau besteht aus einer etwa 15 cm dicken Schotterlage, damit das Wasser einen guten Abzug hat und der Mulch nicht so schnell vergeht.

Das differenzierte Zusammenspiel von Pflanzen, Materialien und Wasser wurde zur Grundlage unseres Gartens.

Verschiedene Sitzplätze laden zum Verweilen ein. Diese Sitzgruppe steht auf der kleinen Rasenfläche im »Purpurgarten«.

Zu unserem Lebensstil gehört das Kochen mit eigenem Gemüse. Bei schönem Wetter essen wir dann überwiegend im Freien.

Der Garten als Versorger

Der Gemüsegarten nimmt innerhalb des Gartenkomplexes eine Sonderstellung ein. Durch seine exponierte, leichte Hanglage und die strenge formale Grundstruktur rückt er sofort ins Blickfeld. Während alle anderen Gartenteile durch eine oft überbordende Üppigkeit geprägt sind, die nur sehr vorsichtig durch Linien – in Form von Hecken, Zäunen und Wegen – begrenzt wird, ist das im Gemüsegarten genau umgekehrt. Hier stehen die verschiedenen Gemüse innerhalb eines Rahmens aus Buchsbaumhecken und Wegen in strengen Reihen. Zwar dürfen im Laufe des Gartenjahres einige Sommerblüher diese Strenge durchbrechen, aber die Notwendigkeiten des Gemüseanbaus erfordern klare Strukturen. Die Arbeitsleistung, die uns dieser Gartenteil abfordert, ist erheblich: Aussaat, Düngung, Pflege, Ernte und Verarbeitung zu bestimmten Zeitpunkten sind die Vorgaben, denen wir uns unterwerfen müssen. Doch die Frische und hohe Qualität des selbst gezogenen Gemüses sind für uns unübertroffen. Es ist für uns selbstverständlich, auf giftige Pflanzenschutzmittel zu verzichten und biologisch zu düngen. Das hat zur Folge, dass nicht alles gleichmäßig gelingt. Außerdem müssen wir sehr wachsam sein, um rechtzeitig biologische Schutzmaßnahmen einleiten zu können. Diese Aufgaben haben unser Empfinden für Wetterlagen deutlich geschärft. So wie die Eskimos über vierzig verschiedene Bezeichnungen für Schnee kennen, ist für uns zum Beispiel Regen nicht gleich Regen. Neben dem milden Frühlingsregen, der das Pflanzenwachstum anregt, gibt es zur gleichen Jahreszeit auch den kalten, harten Regen, der Pilzerkrankungen begünstigt. Warme Regengüsse können Reifeprozesse beschleunigen, doch wenn sie zu häufig hintereinander auftreten, verursachen sie Fäulnis. Die Intensität der Sonne kann ebenso unterschiedliche Auswirkungen hervorrufen. So sind wir bei unseren täglichen Rundgängen zu genauen Beobachtern geworden und registrieren deutlich die Veränderungen der klimatischen Rahmenbedingungen und ihre Auswirkungen.

Mittlerweile haben wir uns so sehr an das selbst gezogene Gemüse gewöhnt, dass wir nur mit Widerwillen an den Auslagen im Supermarkt vorbeigehen, denn wir ahnen, was sich hinter diesem gleichförmig präsentierten Obst und Gemüse verbirgt. In unserer täglichen Küche ist über die Jahre eine Kreativität entstanden, weil wir aus den vorhandenen Produkten, die häufig in großer Anzahl zur gleichen Zeit anfallen, immer neue Rezepte entwickeln. Dadurch haben wir vielfältige Zubereitungsweisen, etwa von Spinat oder Kohl, kreiert. Dabei spielt es sicherlich eine Rolle, dass zwei Männer in latentem Konkurrenzverhalten dem Partner die jeweils bessere Idee für ein Rezept präsentieren wollen. So ergibt sich ein alltägliches fantasievolles Spiel mit den Möglichkeiten der Gemüse-, Kräuter- und Obstpalette unseres Gartens.

Der Garten als Lebensstil

Mit der Anlage des Gartens veränderte sich im Laufe der Jahre auch unsere Sicht der Dinge. Wir lernten, unser Zeitempfinden wieder an den natürlichen Gegebenheiten zu orientieren und nicht an der Hektik unserer Gesellschaft. Alle Investitionen in den Garten waren auf die Zukunft ausgerichtet. Und während Freunde sich schicke Autos kauften, die längst in der Schrottpresse ein Ende gefunden haben, wuchsen unsere Bäume und Sträucher zu einem Kapital heran. Das verstehen wir jedoch nicht als wirtschaftlichen Begriff, sondern als unsere alltägliche Lebensqualität. Der Gemüsegarten versinnbildlicht diesen Lebensstil, in dem der Garten eine zentrale Rolle spielt, am deutlichsten. Er versorgt uns das ganze Jahr über mit biologisch angebauten Gemüsen und Früchten. Aussaat und Ernte erfordern von uns Disziplin und Ausdauer. Ein verpasster Saattermin und der Ertrag ist dahin; eine zu späte Ernte bedeutet minderwertiges Gemüse oder Obst.

Besucher fragen uns häufig, wie wir das große Arbeitspensum schaffen. Ungläubiges Staunen steht dann in den Gesichtern, wenn wir erklären, dass es keine Hilfskräfte gibt, sondern dass wir zu zweit alle anfallenden Arbeiten erledigen. Dann wird uns bewusst, wie sich in den Jahren der Garten unmerklich zu einem Lebensstil entwickelt hat. Wir überlegen genau, wofür wir unsere Zeit verwenden.

Der Garten ist jedoch nicht nur ein Ort des Rückzugs. Wir merken, wie uns unser Lebensstil befähigt, auch nach jahrzehntelanger Tätigkeit in anstrengenden Berufen, Impulse, die der Garten gibt, wieder nach außen zu tragen. Für uns ist der Garten der Ort, wo wir Probleme verarbeiten und bewältigen. Es ist der Ort, der nicht von Konsum und Verbrauch geprägt ist, sondern von einer Vielzahl konstruktiver Elemente – eben unser Paradies.

Essbare Blüten gibt es viele – die Kapuzinerkresse ist ein dekoratives Beispiel dafür.

Ein Gang durch den Garten

Gartenräume und Farben bilden wesentliche Strukturelemente, Sichtachsen verbinden die einzelnen Gartenteile

links: Unsere Mitbewohner, die Kater »Herr Schmitz« und »Bert«, erleben den Garten nur von der Sonnenseite.

rechts: Der gezielte Umgang mit Farben wird im »Purpurgarten« Anfang Mai besonders deutlich.

Mit den ersten Schritten auf unser Grundstück taucht man bereits in eine Gartenwelt ein.

Dafür sorgt die breite, kiesbelegte Zufahrt, die – mit einem Gefälle von fast 1 m zur Grundstücksmitte hin – über 20 m in das Grundstück hineinführt. An ihrem Ende mündet sie in einen kleinen Platz, der fast an der tiefsten Stelle des Geländes liegt.

Die gesamte Gartenfläche weist einen Muldencharakter mit Höhenunterschieden bis zu 1,80 m auf, ausgehend von der höchsten Stelle am nordöstlichen Rand bis zum tiefsten Punkt in der Grundstücksmitte. Die Gestaltung des Gartens wurde durch diese vorgegebene Form außerordentlich erleichtert, denn die Höhenunterschiede ermöglichen Durchblicke und Perspektiven, die ein gleichmäßig flaches Grundstück nicht bieten kann.

Die Muldenform unseres Gartens rührt daher, dass er – wie der gesamte Ort – auf den sanft gewellten Sandhügeln der vorletzten Eiszeit liegt. In 3 km Entfernung finden sich Reste einer durch abtauendes Schmelzwasser ausgewaschenen Endmoräne, vor der sich der Sand ablagerte. Solche Hügel wurden in früheren Jahrhunderten ausgegraben, um den Sandbedarf zu decken; die zurückbleibenden Kuhlen dienten anschließend als Müllkippen. Nun bestand der Abfall damals hauptsächlich aus organischem Material, das im Laufe der Jahre zusammen mit Lehm zu wertvollem Humus wurde. Deshalb finden wir auf dem Grundstück stellenweise eine bis zu 1 m starke Humusschicht, durchsetzt mit interessanten Tonscherben. Der sandige Untergrund führt dazu, dass wir an keiner Stelle Probleme mit Staunässe haben und der Boden eher trocken als feucht ist.

Ursprünglich hatten wir nicht geplant, das 4000 m² große Areal als Ganzes zu gestalten, denn Kosten und Arbeitsaufwand hätten jeglicher nüchterner Kalkulation entgegengestanden. Als wir den ersten Gartenbereich mit einer Fläche von etwa 1200 m² fertig gestellt hatten, drängte sich die restliche, bisher wild belassene Fläche durch die Höhenunterschiede geradezu auf, bearbeitet zu werden. Wir konnten nicht einfach mit einer Hecke einen Schlussstrich ziehen und den Rest des Geländes dahinter verstecken.

Durch die Muldenform ergab sich eine Einheit, die uns zu Beginn unserer »Gärtnerexistenz« noch nicht bewusst war. Doch mit jedem weiteren angelegten Gartenraum fügte sich der Garten allmählich zu einem harmonischen Ganzen.

Wenn heute Besucher auf dem kleinen Platz am Ende der Einfahrt stehen, ist diese Einheit auch atmosphärisch spürbar. Man befindet sich im Zentrum des Gartens, sieht es aber nicht; man ahnt nur, dass sich

Die Kelche der lilienblütigen Tulpen ›White Triumphator‹ heben sich vor dem Hintergrund einer Prachtspiere besonders hervor. So ergibt sich ein reizvoller Kontrast der Blütenformen.

folgende Doppelseite: Blick auf ein weiteres Teilstück der zentralen Sichtachse, die vom Gemüsegarten am Wiesenteich vorbei bis zum Ende des »Weißen Gartens« führt.

hinter den Hecken und Strauchwällen, die den Blick aufhalten, noch weitere Gartenräume verstecken. Über jede Hecke hinweg sind Dinge erkennbar, die auf die dahinter liegende Gartenpartie hinweisen, etwa eine Bank oder ein besonderer Baum. Von dem kleinen Platz, der durch einen Holzzaun abgegrenzt ist, fällt der Blick auf die Wege, die in die Tiefe des Grundstücks führen, ohne dass deren Endpunkte erkennbar sind.

Nach allen Seiten sieht oder ahnt der Betrachter gestaltete Gartenflächen. Selbst wir erleben unseren Garten noch täglich so, wenn wir von der Straße kommend in unsere Gartenwelt eintauchen, die uns von allen Seiten umschließt.

Die Farbgärten

Zu Anfang gab es kein Gesamtkonzept für die Gestaltung des Gartens. Unser erster Wunsch galt zunächst einem begrenzten Gartenbereich mit weiß blühenden Pflanzen, die einen Teich im Zentrum umgeben sollten – einem »Weißen Garten«. Da diese Anlage direkt hinter dem kleinen Bauernhaus entstand, wollten wir diesen Teil zunächst vom Rest des Grundstücks abtrennen. Aber schon galt es, Höhenunterschiede gestalterisch zu bewältigen. Außerdem wäre die ganze Fläche für eine Farbe zu groß gewesen – und so wurden der »Gelbe Hügel« und die »Blaue Ecke« geboren. Aus blau wurde aber orange, weil wir schon im zweiten Jahr merkten, dass die Farbe Blau in der Kombination mit weiß und gelb zu hart war.

In den ersten drei Jahren, als das Zentrum unseres Gartens unter der Anleitung unserer großartigen Mentorin Elisabeth Renner entstand, unternahmen wir – auch auf ihre Anregung hin – die ersten Gartenreisen nach England. Einmal mieteten wir uns in der Nähe des berühmten Gartens von Sissinghurst (Kent) für zwei Wochen ein Ferienhaus, um dem Garten von Vita Sackville-West dann jeden dritten Tag einen Besuch abzustatten. Damals ging es uns vor allem darum, unsere Pflanzenkenntnisse zu erweitern und zu vertiefen. Aber natürlich nahmen wir dabei weitere gestalterische Anregungen mit. Es konnte nicht ausbleiben, dass wir danach die brachliegenden Flächen unseres Grundstücks mit anderen Augen sahen. Nachdem 1987 das Zentrum aus weißen, gelben und orangenen Farben fertig gestellt war, entstand in den folgenden Jahren jeweils ein neuer Gartenraum.

Der Wiesengarten

In der Zwischenzeit unternahmen wir immer wieder Gartenreisen in die Niederlande, in die Normandie und natürlich nach England. Aber auch in Deutschland entdeckten wir Reste bürgerlicher Gartenkultur. Besonders Karl Försters Garten in Bornim bei Potsdam, den wir direkt nach der Grenzöffnung aufsuchten, hat uns sehr beeindruckt und zu weiteren Taten angeregt. Der Wiesengarten entstand.

Seine Ursprünge lagen in unserem Wunsch nach einer Wildwiese, die mit Narzissen verbunden werden sollte, begründet. Dazu bot sich die tiefste Stelle des Grundstücks an. Diese betonten wir zusätzlich, indem in der Mitte ein weiterer, diesmal kreisförmiger Teich angelegt wurde, worin sich die Narzissen spiegeln sollten. Gleichzeitig erhielt der Wiesengarten damit seinen Mittelpunkt.

Da in unserem Freundeskreis schon einige Versuche gescheitert waren, Wildblumenwiesen mit den im Handel angebotenen Samenmischungen dauerhaft anzulegen, orientierten wir uns an Vorlagen, die auf Karl Förster zurückgingen. Außerdem galt es, die Kalkarmut unseres Bodens zu berücksichtigen. So versuchten wir, aus der Kombination von *Carex*-Gräsern und Stauden den gewünschten Wiesencharakter herzustellen. Eine Zeit des Experimentierens begann, die rund sechs Jahre dauerte, bis wir die heutige, für uns schlüssige Lösung gefunden hatten. Diese lange Zeit war geprägt von einer Reihe von Fehlschlägen und Frustrationen, aber mit Zähigkeit und Ausdauer haben wir letztlich das Ziel erreicht.

Die Rosenböschung

Ein weiteres Pflanzkonzept, das sich auf unserem Boden bewährt hat, ist die Böschung oberhalb des Wiesengartens. Sie wurde überwiegend mit Wildrosen bepflanzt. Die Schottische Zaunrose oder Weinrose *(Rosa rubiginosa)*, die Apfelrose *(R. villosa)* und die Rot-

Gartenräume und Farbpalette

Ganz unbeabsichtigt entstanden zwei Strukturelemente, die unseren heutigen Garten prägen: Zum einen die Aufteilung in Gartenräume, zum anderen der gezielte Umgang mit Farben. Die Perspektiven ergaben sich wie selbstverständlich aus der Geländeform und mussten nur noch betont werden. Sichtachsen schaffen dabei eine optische Verbindung zwischen den einzelnen Gartenteilen, die sich dem Betrachter beim Rundgang durch den Garten nach und nach öffnen.

links: Beim Blick vom Wiesengarten zur Rhododendron-Böschung wird der unruhige Vordergrund durch die gleichmäßige Form der Rhododendren im Hintergrund aufgefangen.

rechts: Die Bereifte Rose, Rosa glauca, *verleiht in der Detailansicht – trotz ihrer unscheinbaren Blüten – der Rosenböschung durch ihr graugrünes Laub einen besonderen Akzent.*

folgende Doppelseite: Wie ein aufgeschlagenes Buch sind die beiden Beete rechts und links entlang des Hauptweges im Gemüsegarten angeordnet. Dieser Weg ist gleichzeitig ein Teil der zentralen Sichtachse.

blättrige Rose *(R. glauca)* begrenzen das Grundstück, davor befindet sich eine Reihe Strauchrosen. Sie bilden eine überzeugende Ergänzung des Wiesengartens bis in den Herbst hinein, wenn die verschiedenen Hagebuttenformen in den bis zu 1,80 m hohen Rosenbüschen leuchten.

Der Gemüsegarten als Herzstück des Gartens

Die Anlage des Gemüsegartens lag nahe, da zu den Bauernhäusern am Niederrhein seit alters her ein Garten zur Selbstversorgung gehört. Fast überall war er in quadratischer oder rechteckiger Form angelegt und kreuzförmig unterteilt. In der Regel gab es in der Mitte ein Rondell und alle Beete waren mit Buchsbaumhecken eingefasst. Doch seit die Supermärkte preiswertes Gemüse und Fertiggerichte anbieten, verschwanden diese arbeitsintensiven Gemüsegärten bis auf ganz wenige Ausnahmen. Dass ein Gemüsegarten auch eine optische Attraktion sein kann, lernten wir zuerst auf dem niederländischen Landgut »Huis Bingerden« bei Arnheim kennen. Dort unterhält die Hausherrin einen zauberhaft gestalteten Gemüsegarten zur Selbstversorgung. Mit dem Laubengang im Zentrum und einem Knotengarten in der Randzone ist er jedoch auch ein ästhetisches Erlebnis. Eine weitere Anregung gab uns der Gemüsegarten von Rosemary Verey auf Barnsley House in England. Auch dort sahen wir einen Gemüsegarten, der Zweckmäßigkeit und Ästhetik vereinte.

Derart inspiriert versuchten wir, die niederrheinische Tradition der Gemüsegärten mit den in den Niederlanden und England gefundenen Anregungen zu verbinden. So entstand unser etwa 400 m^2 großer Gemüsegarten auf dem sonnigsten Teil unseres Grundstückes. Da auch hier vom oberen Ende bis zur unteren Begrenzung ein Niveauunterschied von 1,20 m vorliegt, versuchten wir, diese leichte Hanglage gestalterisch zu nutzen. Rechts und links von einem breiten Mittelweg legten wir zwei 6 × 16 m große Beete an, sodass der Gemüsegarten wie ein aufgeschlagenes Buch Richtung Süden liegt und die Beete optimales Sonnenlicht erhalten. Den Mittelweg setzten wir dort an, wo der Zugang zum »Weißen Garten« am Haus vorbei- und am Wiesengarten entlangführt. So entstand eine Sicht- und Wegachse, die über eine Länge von 75 m quer durch den Garten verläuft.

Der Gemüsegarten ist zum Wiesengarten und zur Einfahrt hin mit einem Holzzaun abgetrennt, wie er häufig in englischen Gärten zu sehen ist. Vor dem Zaun sind in Richtung Gemüsegarten zwei schmale Beete entstanden, die mit einer Reihe Alter Rosen be-

pflanzt sind. Die Linie des Zauns wird im Frühjahr noch mit einer Reihe weißer Tulpen betont, später mit Lilien. Rechts und links der zentralen Gemüsebeete legten wir jeweils zwei schmale Beete für Beerensträucher und niedrigstämmige Obstbäume an. Alle Beete sind mit *Buxus*-Hecken eingefasst, auf den Ecken stehen Buchsbaum-Pyramiden.

Das obere Ende des Gemüsegartens wird begrenzt durch 90 cm hohe Stützmauern aus alten Feldbrandsteinen. Wir mussten das zur Grundstücksgrenze stärker werdende Gefälle durch diese Stützmauern abfangen und erhielten auf diese Weise zwei Hochbeete. Am Ende des Mittelweges sind die Stützmauern für einen kleinen Sitzplatz unterbrochen. Zwei alte Basaltstufen führen auf die ebenfalls mit alten Basaltplatten belegte Fläche, auf der eine Gartenbank rechts und links von Rosenpillaren eingerahmt wird. Die Mauerecken zieren zwei gusseiserne Gartenvasen. So ist am Ende der Mittelachse an erhöhter Stelle ein besonderer Blickfang und Aussichtspunkt entstanden.

Der Gemüsegarten ist in der Bepflanzung auf Zweckmäßigkeit ausgerichtet. Allerdings haben wir, wie bei unseren Vorbildern, die Gemüsebeete mit Blumen und Kräutern kombiniert, uns dabei aber an dem Charakter des kleinen Bauernhauses und seiner Umgebung orientiert.

Unser Gemüsegarten sollte keinen Schaucharakter bekommen, sondern zu unserem alltäglichen Leben gehören. Und dazu zählt, sich mit frischem Gemüse aus dem eigenen Garten zu ernähren. Der Garten sollte zusätzlich genügend Vorräte für den Winter liefern. Dagegen spricht aber nicht, ihm mit einjährigen Blütenpflanzen entsprechend der Jahreszeit über seine Zweckmäßigkeit hinaus eine ansprechende Atmosphäre zu verleihen. Dabei spielen auch die Hochbeete eine erhebliche Rolle, weil ihre Bepflanzung durch die exponierte Lage unmittelbar in den Gemüsegarten hineinspielt. In ebener Lage wäre ein solches Randbeet viel weniger präsent.

Der Gemüsegarten erfordert ebenso viel Arbeit wie der restliche Teil des Geländes. Aussäen, Pflegen, Düngen, Ernten und Verarbeiten sind die wichtigsten Arbeitsschritte, die stets eingehalten werden müssen.

Es ist viel Disziplin nötig, diesen Anforderungen gerecht zu werden. Zum Beispiel müssen Aussaattermine möglichst zeitgenau befolgt werden, damit man sich an guten Ergebnissen erfreuen kann. So geht zu spät gesäter Spinat, ohne viel Blattwerk zu bilden, gleich in die Blüte über; reife Erbsen müssen sofort geerntet werden, ansonsten werden sie zu hart ... Diese Liste ließe sich beliebig fortsetzen.

Wir aber sind dazu bereit, die Anforderungen, die der Gemüsegarten an uns stellt, zu erfüllen, denn die Qualität des eigenen Gemüses bezüglich Frische und Geschmack ist durch nichts zu ersetzen. Für uns ist es mittlerweile völlig selbstverständlich, etwa eine Stunde vor der Mahlzeit das jeweilige Gemüse aus dem Garten zu holen. Kein anderer Gartenbereich versprüht so viel ländlichen Charme und spiegelt unseren Lebensstil wider wie der Gemüsegarten.

Blickpunkt Gartenzaun

Der Holzzaun, der den Gemüsegarten umgibt und den strengen Strukturen im Inneren einen »ordentlichen« Rahmen verleiht, ist nach englischer Tradition angefertigt worden. Dabei verlaufen zwischen Eichenpfosten, die kleine Bleiabdeckungen tragen, zwei Querriegel aus Kastanienholz. Eine konservierende Behandlung brauchte dieses Holz nicht. Im Gegenteil, es begann schnell zu vergrauen und erhielt so eine schöne Patina. Der gerade Verlauf des Zauns wird mit einer Reihe Alter Rosen, die außerhalb des Gemüsegartens stehen, noch betont. Im Frühjahr ergänzen weiße Tulpen, später dann Lilien das Bild.

Der Gemüsegarten ist einer der zentralen Gartenräume. Er erinnert an den bäuerlichen Ursprung des Geländes und fordert einen erheblichen Arbeitseinsatz.

Die Obstwiese mit Sissinghurst-Bank

Der Gemüsegarten wird nach Osten hin von einer 1,80 m hohen Rotbuchenhecke gegen kalte Winde geschützt. Durchschreitet man diese an ihrem oberen oder unteren Ende, gelangt man zur Obstwiese. Dort steigt das Grundstück nach Nordosten stärker an und man erreicht den höchsten Punkt. An dieser Stelle haben wir eine Mauer in Form eines offenen Ovals errichten lassen. Vor dieser Mauer ist ein kleiner Sitzplatz entstanden, auf dem eine Bank nach dem Vorbild des englischen Architekten Luytens steht. Versierten Gartenkennern fällt sofort auf, dass die Vorlage aus Sissinghurst stammt, wo die wesentlich größere Mauer von *Clematis* überwachsen ist und den Rosengarten abschließt. Wir haben die Mauer auf die Verhältnisse unseres Grundstückes abgestimmt.

Auch unsere Obstwiese ist durch Sissinghurst geprägt. Mit Narzissen im Frühjahr und Rosen im Sommer hat uns der Orchard auf Sissinghurst sehr beeindruckt. Bei der wesentlich kleineren uns zur Verfügung stehenden Fläche mussten die Rosen an den Rand

Die Sissinghurst-Bank ist nach Südwesten ausgerichtet. Die Steinmauer dahinter speichert die Sonnenwärme des Tages, die uns am Abend den Rücken wärmt.

rücken und Narzissen sollten mit nur einer Sorte unter den Obstbäumen eine ruhige Atmosphäre erzeugen. Nach Osten hin haben wir das Grundstück mit Ilex in verschiedenen Sorten angepflanzt, davor stehen Rhododendren. Diese Kombination erzeugt einen guten Windschutz und immergrünen Rahmen. In Nordrichtung wird das Grundstück durch die Gebäude der Nachbarn begrenzt. So ist ein geschlossen wirkender Gartenraum entstanden, der zu allen Jahreszeiten viel Ruhe und Gelassenheit ausstrahlt.

Von der Sissinghurst-Bank ausgehend ergibt sich eine Sichtachse über den Wiesengarten auf den kleinen Giebel des Anbaues, an dem eine weiß blühende *Wisteria* wächst. Eine weitere, von der Bank ausgehende Sichtachse läuft an der Lavendelkante entlang bis zur Stützmauer am oberen Ende des Gemüsegartens. An dieser Stelle wird ein weiteres Gestaltungsprinzip unseres Gartens deutlich: Die Gartenräume sind mit Sichtachsen untereinander verbunden. Sie öffnen die Gartenräume optisch und schaffen eine überraschende Verbindung zwischen den einzelnen Gartenteilen.

Obwohl Hecken und Wälle die verschiedenen Bereiche trennen, gibt es in jedem Gartenraum eine Verbindung mit den anderen Abschnitten. So vermeiden wir zum einen den Eindruck von Enge, zum anderen ist der Garten nicht auf einen Blick zu überschauen, sondern ermöglicht beim Durchgehen immer wieder neue Eindrücke. Selbst wir Besitzer, die wir jeden Quadratmeter unseres Gartens kennen, erleben und genießen bei jedem Durchgang diese unterschiedlichen Gartenräume erneut.

»Purpurgarten« und Kräutergarten gehören zusammen

Der südlich des Hauses gelegene frühere Küchengarten nimmt eine gewisse Sonderstellung ein. Er ist von fast quadratischer Grundfläche und mit einer über

hundert Jahre alten Rotbuchenhecke eingefasst. Von den ursprünglich vier Gemüsebeeten wurden in den sechziger Jahren zwei beseitigt. An ihre Stelle trat eine kleine Rasenfläche mit einer Staudenrabatte. Wir haben diese Struktur belassen und die alte Form nicht rekonstruiert. Der Garten als Ganzes ist so dicht bepflanzt, dass er immer wieder ruhige Flächen braucht. Dazu gehört auch diese kleine Rasenfläche an der Südseite.

Doch wir haben diesem Gartenraum ein eigenes Thema gegeben: Auf der Staudenrabatte rings um den Rasen dürfen nach der Narzissenblüte nur Stauden und Sträucher in den Farben Rosa, Violett und Blau blühen, weshalb wir diesen Bereich »Purpurgarten« nennen. Wir haben die alte Hecke durchbrochen, und der Weg zwischen den beiden noch vorhandenen, mit *Buxus* eingefassten Beeten setzt sich geradlinig auf der anderen Seite, zwischen dem »Gelben Hügel« und der »Orangefarbenen Ecke«, fort. An der Stelle, an der er im 90°-Winkel auf die zentrale Achse des gesamten Gartens abbiegt, steht ein Säulenfragment aus rotem Sandstein. Dieses zieht vom »Purpurgarten« aus den Blick auf sich und schafft eine notwendige Perspektive heraus aus diesem kleinen, durch die alten Hecken besonders geschlossen wirkenden Gartenraum.

Aus einem der quadratischen Beete des ehemaligen Küchengartens haben wir einen Kräutergarten geschaffen. Schmale, mit alten Ziegelsteinen gepflasterte Wege unterteilen das Viertel nochmals in vier quadratische Teile. Auf der Kreuzung der beiden Wege liegt eine rote Säulenbase aus Sandstein, auf der eine alte französische Gartenvase mit Henkeln ihren Platz gefunden hat. Die kleinen Quadrate sind mit Kräutern bepflanzt und zeigen als besonderen Akzent im Frühjahr eine üppige Tulpenblüte, die farblich zum »Purpurgarten« passt. Das gegenüberliegende, restliche Viertel des alten Bauerngartens dient im Augenblick noch als Anzuchtbereich.

Da wir seinerzeit zwei Säulenbasen erwerben konnten, haben wir vor, auch den Anzuchtbereich nach dem Vorbild des Kräutergartens zu gestalten. Die beiden Beete rechts und links des Weges werden symmetrisch ausgerichtet, jeweils mit einem Wegekreuz und einer Säulenbase als Mittelpunkt. Die entstehenden Beete werden schließlich mit blauen *Iris barbata* in verschiedenen Farbabstufungen bepflanzt.

Das »Cottagebeet« als Willkommensgruß

Der Eingangsbereich des Gartens ist erst in den letzten Jahren von uns aufgewertet worden. Als die Entwicklung und Ausreifung der anderen Gartenbereiche allmählich fortschritt, wurde deutlich, dass dieser Bereich dem Niveau der übrigen Gartenteile angepasst werden musste. Zunächst gab es nur das »Cottagebeet«, rechts

Bäuerliche Tradition bewahren

Der »Purpurgarten« bildet bei einem Rundgang meist den Endpunkt. Kommt man durch die alte Rotbuchenhecke, so erinnert die Atmosphäre an den Küchengarten eines kleinen niederrheinischen Bauernhauses. In allen anderen Gartenbereichen ist spürbar, dass die Konzeption und die Bepflanzung durch viele Gartenreisen in Westeuropa angeregt worden sind. Dieser letzte Gartenraum aber wurde von uns als bewusste Reminiszenz an die Vorfahren belassen, die als kleine Bauersleute dieses Grundstück zur eigenen Versorgung bearbeiteten. Zur Straßenseite weist die Hecke eine trapezförmige Mulde auf und gibt den Blick in die Landschaft, auf weidende Kühe und die Kirchturmspitzen am Horizont frei.

von der Hauptzufahrt zum Haus hin gelegen. Hieraus sollte ein buntes Beet in Anlehnung an englische Bauerngärten entstehen. So pflanzten wir zunächst all das, was an anderer Stelle nicht passte oder durch Teilung groß gewordener Pflanzen einen neuen Platz brauchte. Der Nussbaum am Ende des Beetes soll dabei als Hausbaum den bäuerlichen Charakter des Gartens betonen.

Dieses Beet zwischen Wiesengarten und Garageneinfahrt war ursprünglich unser Ritterspornbeet. Als aber die Sträucher immer größer wurden, verdrängten sie die Stauden. So lag es nahe, für das »Cottagebeet« eine veränderte Konzeption heranzuziehen. Nun ist den Ritterspornen, die bis zu 2 m hoch werden können, das Zentrum eingeräumt worden, wo sie im Juni durch ihre Farbe und Größe das Beet bestimmen. Da wir unsere niederrheinischen Klimabedingungen beachten mussten, modifizierten wir langsam, aber sicher die englischen Bepflanzungsschemata. Inzwischen hat das Beet gute Fortschritte gemacht und ist durchaus über weite Phasen des Gartenjahres ein Entree, das dem übrigen Garten nicht mehr nachsteht.

Reizvolle Durchblicke sind ein wichtiges gestalterisches Element in unserem Garten. Die Trennung der Gartenräume wird auf diese Weise durchbrochen, Verbindungen zwischen ihnen werden hergestellt.

Der Garten lässt keinen Stillstand zu

Auf der linken Seite der Einfahrt ist im Laufe der Zeit ein Gartenhaus entstanden, das wir dringend für Arbeitsgeräte und Gartenzubehör benötigen. Zudem wollten wir einen Überwinterungsraum für die Kübelpflanzen schaffen. Als Vorlage für das Gebäude diente die Bauform der alten niederrheinischen Schuppen. So entstand eine Remise mit einem zur Einfahrt und zur Straße weit nach hinten heruntergezogenen Schleppdach. Diese Dachform verhindert, dass das Gebäude zu groß oder dominierend wirkt. Es passt sich in die Mulde des Grundstücks ein und hat kein zu großes Eigengewicht bekommen.

An der Vorderseite des Häuschens, die dem Garten zugewandt ist, entstand ein Platz, der vielen Kübelpflanzen und einer Bank Stellfläche bietet. Die Remise wurde mit alten Feldbrandsteinen von einem abgebrochenen, benachbarten Bauernhaus verkleidet und mit grauen Tonziegeln eingedeckt, sodass sie auf den ersten Blick nicht als Neubau zu erkennen ist. Sind wir bei der Planung zunächst von der Zweckmäßigkeit ausgegangen, so zeigt sich jetzt, dass dieses Gebäude und der kleine Platz davor sehr viel mehr sind. Sie schaffen eine direkte Beziehung zum Gemüsegarten, dessen strenge Form eine charmante Ergänzung bekommen hat.

Auch in Zukunft werden immer wieder vorsichtige Überarbeitungen einzelner Gartenbereiche anstehen. Wie und wann solche Pläne realisiert werden können, ist natürlich eine Frage unserer finanziellen Mittel. Andererseits ist es gut, dass wir nicht jede Idee sofort in die Tat umsetzen können. Es hat sich gezeigt, dass Vorstellungen und Wünsche, die wir von unseren Reisen mitbringen, auch reifen müssen, bis man sie angemessen umsetzen kann. Geduld, Ausdauer und Beharrlichkeit waren und sind wichtige Rahmenbedingungen für unsere gärtnerische Praxis.

Mit Trompeten in den Frühling

Die Zeit der leuchtenden Narzissenblüten, ihrer strahlenden Begleiter, der Staudenpracht im Wiesengarten und der Vorbereitung des Gemüsejahres

In unserem Garten markiert das Aufblühen der ersten Narzissen den Beginn des Frühlings.

Oft entfaltet sich die erste gelbe Trompete einer Wildform von *Narcissus pseudonarcissus* schon Ende Februar an einem vor Nord- und Ostwinden geschützten Hang oberhalb der Obstwiese. Auf einem kurzen Stiel trägt die Pflanze jeweils eine kleine gelbe Trompetenblüte, die von einem Kranz hellerer Außenblätter umgeben wird. Sie wirkt wie der erste zaghafte Versuch der Natur, die gedämpften Farben des Winters mit strahlendem Gelb zu durchbrechen. Diese frühe Narzisse haben wir in kleinen Gruppen oder auch einzeln gepflanzt, sodass ihre Zartheit besonders betont wird. Da sie am Hang oberhalb der Obstwiese stehen, leuchten die Blüten weit in den Garten hinein.

Die Cyclamenblütige Narzisse (*N. cyclamineus*) der Sorte ›February Gold‹ öffnet als zweite im Narzissenreigen ihre Blüten. Sie zeichnet sich durch die klassische Form der Osterglocken in einem strahlenden, gleichmäßigen Goldgelb aus. Die Blüten sind etwas kleiner als die der großblütigen Trompetennarzissen, aber sehr blühwillig. In Gruppen sind sie über die ganze Obstwiese verteilt. Ihre goldgelbe Farbe passt hervorragend zu dem frischen Grün des soeben austreibenden Grases. Wenn sich die Blütezeit dem Ende entgegenneigt, schneiden wir die Blütenköpfe heraus, um die Bildung von Samenkapseln zu verhindern. Auf dieser übersichtlichen Fläche zählen wir dabei mit kindlichem Besitzerstolz die Anzahl der Blüten. Sie schwankt, je nach Jahr, zwischen 2300 und 3000 Stück. Auf diese Weise können wir dann auch eine Schätzung für das ganze Gelände vornehmen.

Die Narzissenzeit dauert mindestens zwei Monate, je nach Witterungsverlauf sogar bis Anfang Mai. In

Nach den eher farblosen Wintermonaten explodiert unser Garten in den Farben Gelb und Weiß. Im Vordergrund zeigt sich die Obstwiese in tiefem Goldgelb, der Wiesengarten dahinter überwiegend in weißen Tönen.

links: Wie in der griechischen Sage des Narzissus spiegeln sich am Rand des Wiesenteiches die Blüten im Wasser.

rechts: Eine bemerkenswerte Kombination im »Weißen Garten« – Narzissen der Sorte ›Jack Snipe‹ mit Helleborus-*Blüten.*

folgende Doppelseite: Die besondere Atmosphäre der Narzissenzeit scheint auch von unseren Katern wahrgenommen zu werden. »Herr Schmitz« geht nicht einfach quer durch die Beete, sondern schreitet mehrmals täglich die Wege ab.

den ersten Maiwochen wirken die letzten Blüten der stark duftenden Dichternarzissen (*N. poeticus*) wie Fremdkörper unter den kräftigen Farben der Tulpenzeit. Rund 25 verschiedene Narzissensorten ermöglichen eine solch lange Blütezeit: Während dieser Narzissenzeit blühen mehr als 10 000 Exemplare im ganzen Gelände.

Eine Narzissenwiese wie im Film

Die größte Narzissendichte gibt es im Bereich des Wiesengartens. Dort sind große Mengen großkroniger Narzissen (*N.× incomparabilis*) der Sorten ›Ice Follies‹ und ›Carlton‹ gepflanzt worden. Zuerst öffnet sich die cremeweiß-gelb blühende Sorte ›Ice Follies‹, die zusammen mit ihrem graublauen Laub einen silbrigen Schimmer über die Fläche zaubert. In der benachbarten Obstwiese wird dadurch der satte Gelbton von ›February Gold‹ noch betont. Langsam öffnen sich die Knospen der Sorte ›Carlton‹ und eine weißgelbe Mischung entsteht, bis schließlich die weißlichen Narzissen abgeblüht sind und das Gelb dominiert.

In der Mitte der Fläche liegt der Teich, der morgens das Blau des Himmels in diese kompakte Narzissenmasse holt, während er am Abend mit einer grünlichen Wasseroberfläche die Stimmung dieser Tageszeit betont. An warmen Tagen liegt über dem Garten eine

Vorboten der Narzissenzeit

Die Blüten des Elfenkrokus (*Crocus tommasinianus*) und der Zwergiris (*Iris reticulata*) haben zwar schon das Ende des Winters angekündigt, doch besitzen diese Blautöne nicht die Leuchtkraft der ersten Narzissen. Zusammen mit den Schneeglöckchen (*Convallaria majalis*) kündigen sie die Narzissenzeit an. Diese folgt dann mit Pauken und Trompeten, je nach Wetterlage schon ab Ende Februar, und dehnt sich bis zum Wonnemonat Mai aus. In dieser Periode zeigen sich über 10 000 Narzissen in den unterschiedlichsten Formen und Farben.

Trompetenblüten über Trompetenblüten: Über dreißig verschiedene Narzissensorten verteilen sich über alle Gartenräume und sorgen für ein wahres Blütenmeer.

Glocke von Narzissenduft, und eine fast unwirkliche, beinahe träumerische Atmosphäre, die vom Amselgesang untermalt wird, entsteht.

In dieser Zeit schreiten wir mehrmals täglich die Wege im Garten ab und verweilen auf den verschiedenen Bänken, um diese Stimmung aufzunehmen. Dabei taucht immer wieder die Erinnerung an ein Filmerlebnis auf: Anfang der sechziger Jahre wurde in Kleve »Doktor Schiwago« gezeigt. Während die Handlung des Films mehr und mehr verblasste, blieb die Faszination der Narzissenwiesen, deren Duft in den Kinosaal hereinzuwehen schien, im Gedächtnis haften. Grund genug, ein zweites Mal, diesmal aus der ersten Reihe, vor der großen Leinwand zu sitzen, um in das Narzissenmeer eintauchen zu können ...

Von Gartenbesuchern haben wir mehrfach gehört, dass es ihnen ähnlich erging. Das leichte Wiegen der Narzissenblüten im Wind, dazu der feine Duft, der nur intensiv wird, wenn Narzissen zahlreich zusammenstehen, ist nun einmal ein unvergleichliches Erlebnis.

Aus Erfahrung wird man klug

Inzwischen haben wir mit vielen unterschiedlichen Sorten Erfahrungen gesammelt. Die große Trompetennarzisse ›Dutch Master‹ hat sich bei uns nicht bewährt, denn ihre überdimensionierten, gelben Blüten sind nicht sehr standfest. In unserem Klima gibt es Anfang April regelmäßig Nachtfröste und die schweren Blüten lassen die Stiele umknicken. Während bei den anderen Sorten die Stiele stark genug sind, die Trompetenblüten nach einem Nachtfrost wieder aufzurichten, gelingt das bei ›Dutch Master‹ nicht. Von ganz mangelhafter Statik ist die gefüllte Sorte ›Dick Wilden‹. Die gelben Blütenköpfe sind so schwer, dass sie schon ein leichter Wind oder ein Regenschauer zum Abknicken bringt. Unter den gefüllten Sorten haben uns die gelb blühenden, langstieligen ›Golden Ducat‹ und die zierlichere Form ›Rip van Winkle‹ zufrieden gestellt.

Die weiße Sorte ›Purissima‹ blüht bei uns als einzige Tulpe zur Narzissenzeit. An sonnigen Tagen öffnen sich ihre Kelche weit und zeigen uns ihr Innenleben.

Das »zweite Leben« unserer Narzissen

Den Grundstock für den Narzissenboom lieferte Anfang der achtziger Jahre ein Gärtner vor Ort, indem er sich darüber beklagte, dass sich die Narzissenzwiebeln so schlecht kompostieren ließen. Damals kultivierte er in seinen Treibhäusern in Holzkisten einige tausend Narzissen zum Schnitt und kippte die abgeernteten Zwiebeln einfach auf einen Haufen. Aber die Narzissenzwiebeln vergingen nicht wie die Wurzelballen anderer Pflanzen, sondern wurden zum »blühenden Problem« des Gärtnereibetriebes, wenn der Kompost auf die Felder gebracht wurde. Wir waren beide entsetzt von der Vorstellung, dass Narzissenzwiebeln ein Problem sein könnten und boten uns sofort an, sie zu entsorgen. Fortan ließ der Gärtner die Kisten mit den abgeernteten Narzissen nicht mehr auf den Komposthaufen werfen, sondern stellte sie für uns zur Seite. Wir mussten sie nur regelmäßig, mindestens einmal pro Woche, abholen. Das taten wir auch und dabei erwies sich ein alter Renault R4 als besonders belastbar. Die Farbe des Wagens war, wie konnte es anders sein, narzissengelb. Zu Hause angekommen kippten wir die Narzissen auf die Erde und gönnten ihnen etwas Volldünger. Nach dem Absterben des Laubes sammelten wir die Zwiebeln ein und legten sie zum Trocknen in Kisten, bis wir sie im Herbst dann an Ort und Stelle auspflanzten. Schon die Qualität der Zwiebeln versprach eine ordentliche Blüte im nächsten Jahr, die dann auch tatsächlich eintraf. So wiederholten wir das Verfahren

Solche Frühlingstage wünschen wir uns zur Narzissenzeit: Ein blauer Himmel und weiße Wolken über dem Narzissenmeer; rechts ergänzt die rosa Blütenwolke der Magnolie ›Leonard Messel‹ das Bild.

etwa vier bis fünf Jahre lang. Für die Transporte konnten wir mittlerweile den Lieferwagen der Gärtnerei benutzen und später sogar den Lastwagen mit einer praktischen Hebebühne. Das Gärtnerehepaar wurde jährlich einmal zum »Narzissen-Essen« eingeladen und alle waren zufrieden. Unsere bäuerlichen Nachbarn schüttelten derweil die Köpfe und pflanzten Kartoffeln.

Da heute in unserer Region leider kein Gärtner mehr Narzissen zum Schnitt kultiviert, mussten wir uns andere Bezugsquellen erschließen, was durch die nahe gelegenen Niederlande kein Problem darstellt.

Die Blütenpracht des Frühlings in allen Gartenräumen

Im April stehen auch zahlreiche Bäume und Sträucher in Blüte. Am Rande der zentralen Narzissenfläche wächst die inzwischen recht große Sternmagnolie ›Leonard Messel‹ (*Magnolia × loebneri*). Sie hat sternförmige, etwas flatterige, hellrosa Blüten, die zu unserem Erstaunen leichte Nachtfröste gut überstehen. Während die Tulpenmagnolie (*Magnolia × soulangiana*) im »Cottagebeet« nach der gleichen Frostnacht ihre rosaweiße Farbe sofort in ein schmutziges Braun umwandelt, strahlt die Sorte ›Leonard Messel‹ immer noch. Da sie etwas erhöht auf der Böschung steht, wird ihre Wirkung noch gesteigert.

Von ihr geht der Blick hinüber in den »Weißen Garten«, wo als Pendant die weiß blühende *Magnolia × loebneri* ›Merrill‹ leuchtet. Sie wird flankiert von einer Kupfer-Felsenbirne (*Amelanchier lamarckii*) und einer gefüllt blühenden Zierkirsche, die beide ebenfalls in Weiß blühen. Diese Bäume und Sträucher stehen auf dem Wall, der den »Weißen Garten« vom übrigen Gelände abtrennt. Dazu gehört auch einer der schönsten Rhododendren (*Rhododendron williamsianum*) in unserem Garten, ein Strauch der Sorte ›Rothenburg‹. Leider ist seine Blütezeit immer mit einer Zitterpartie verbunden, denn seine großen, grünlich weißen Blüten sind bei dem ersten Nachtfrost dahin. Dann bleibt nur zu hoffen, dass es im nächsten Jahr zu seiner Blütezeit keinen Frost gibt.

Auch unterhalb der Bäume und Sträucher im »Weißen Garten« ist viel strahlendes Weiß zu finden. Die Narzissensorten ›Thalia‹ und ›Jenny‹ sind in großer Anzahl aufgeblüht. Die Engelstränennarzisse ›Thalia‹ (*N. triandrus*) besticht durch ihren Duft und die klare, weiße Farbe, die Cyclamenblütige Narzisse ›Jenny‹ (*N. cyclamineus*) durch die zierlichen Blüten mit den weit zurückgebogenen Außenblättern. Dazwischen stehen mehrere Hundert Tulpen der Sorte ›Purissima‹, deren große eiförmige Blüten zunächst cremefarben sind und dann in ein reines Weiß übergehen. Die weiß blühende, großkronige Narzisse ›Mount Hood‹ (*N. pseudonarcisssus*) hat ihren Platz im Hintergrund und blüht etwas später. Den Boden bedeckt noch reichlich graugrünes Schneeglöckchenlaub.

Im »Weißen Garten« gedeiht unter den Sträuchern eine Mischung aus Narzissen, Tulpen und Nieswurz.

Eine breit ausladende Prachtspiere der Sorte ›The Bride‹ (*Exochorda × macrantha*) steht am Eingang zum »Weißen Garten«. Sie ist jedes Jahr für eine lange Zeit

Vorbereitungen für die nächste Narzissenzeit

Gegen Ende der Blütezeit erhalten die Narzissen eine Volldüngergabe. Dann werden auch alle Blütenköpfe herausgeschnitten. Das klingt zwar nach entsetzlich viel Arbeit, geht aber relativ schnell. Das Wissen, dass uns dadurch mit großer Wahrscheinlichkeit auch im nächsten Jahr wieder ein Blütenteppich durch den Frühling begleiten wird, beflügelt uns. Mühsamer ist es dagegen, alle vier bis fünf Jahre die Narzissen aufzunehmen, weil sie sich so stark vermehrt haben. Dann haben sich bereits große Klumpen mit zahlreichen Zwiebeln gebildet, die getrennt werden müssen. Offensichtlich gefällt ihnen unser leichter Boden mit gutem Wasserabzug. Das Narzissenlaub wächst jetzt noch bis Mitte Mai, um dann langsam zu vergehen. Es darf auf keinen Fall abgeschnitten werden, weil die Zwiebeln über dieses Laub die Kraft für das nächste Jahr gewinnen.

mit strahlend weißen Blüten übersät und zum Glück machen ihr Nachtfröste bis zu –3 °C nichts aus. Auf dem quadratischen Innenhofbeet verteilen sich einzeln gepflanzte, weiße Hyazinthen über die gesamte Fläche. Sie erfüllen den ganzen Hof mit ihrem Duft. Zu keiner Zeit des Gartenjahres ist der »Weiße Garten« ein solches Blütenmeer wie zur Narzissenzeit.

In den anderen Bereichen des Gartens sind ebenfalls viele Narzissen zu finden. Natürlich leuchtet der »Gelbe Hügel« jetzt narzissengelb. Und auch im Gemüsegarten sind unter die Beerensträucher viele Narzissen gepflanzt worden. Auf den Hochbeeten oberhalb des Gemüsegartens werden die Zwergformen ausprobiert, im »Cottagebeet« am Eingang sind verschiedene große Narzissensorten versammelt. Dort bringen wir alle Sorten unter, die uns interessieren und die wir zunächst einmal testen wollen. Dabei gefiel uns besonders die grüngelbe ›St. Patrick's Day‹. Nach der erfolgreichen Bewährungsprobe haben wir einige Hundert dieser Narzissen vor die Rhododendren gepflanzt, deren dunkelgrünes Laub sie hervorragend ergänzen.

Der Wiesengarten nach der Narzissenblüte

Im Bereich des Wiesengartens haben wir durch jahrelanges Experimentieren eine Staudengesellschaft versammelt, die in den folgenden Wochen und Monaten für einen Blütenflor sorgt. Alle diese Stauden kommen mit dem Druck des Narzissenlaubes gut zurecht und werden dadurch kaum beeinträchtigt. Anfang Mai ist für einige Tage wenig Blühendes auf dieser Fläche zu sehen, lediglich einige Judaspfennige (*Lunaria annua*) bringen etwas Farbe. Dann aber beginnt die »Blaue Periode«:

Zuerst schieben sich die Flockenblumen (*Centaurea montana*) über das Narzissenlaub. Jakobsleiter (*Polemonium*), Präriekerzen (*Camassia cusickii*) und Wiesen-

Vor dieser Kulisse macht die Frühjahrsarbeit im Gemüsegarten besonders viel Spaß und geht leicht von der Hand.

Mit dem Aussäen keimt auch die Vorfreude auf die sommerliche Gemüsepalette auf.

iris (*Iris sibirica*) sind weitere blaue Blüher. Dazwischen wachsen einzelne Wiesenrauten (*Thalictrum*) mit ihren violetten Blütendolden in die Höhe. Das Narzissenlaub bekommt Grascharakter und hat jetzt eine Funktion. Es wirkt in keiner Weise mehr störend, sondern ergänzt die blauen Blüten harmonisch. Einzelne Tupfer des dunkelroten Türkenmohns ›Beauty of Livermore‹ (*Papaver orientale*) kontrastieren zu dem Blau. Am Rande der Fläche sowie auf der gegenüberliegenden Rosenböschung sind zahlreiche, ebenfalls überwiegend blaue Akelei (*Aquilegia*) hochgeschossen. Im letzten Maidrittel kommt dann noch etwas Gelb am Teichrand hinzu, wenn dort die Sumpfiris (*Iris pseudacorus*) aufblühen.

Das Narzissenlaub sinkt Ende Mai bis Anfang Juni langsam zusammen. Der Storchschnabel ›Johnson's Blue‹ (*Geranium himalayense*) und die Katzenminze ›Six Hills Giant‹ (*Nepeta × faassenii*) füllen mit ihren blauen Blüten die Lücken auf. An einigen Stellen haben sich Wiesenmargeriten (*Leucanthemum vulgare*) versamt. Zusammen mit den gelben Schalenblüten des Scheinmohns (*Meconopsis cambrica*) wird die Vorherrschaft der Farbe Blau gebrochen. Die am Rand stehende Pfingstrosenreihe öffnet die großen schweren Blüten in Rosa, Weiß und Weinrot.

Das Narzissenlaub spielt optisch keine Rolle mehr. Jetzt kommen die großen Horste der Taglilien (*Hemerocallis*) zur Geltung, die bereits den Hochsommer ankündigen. Die Sorte ›Corky‹ blüht schon im Juni auf, gleichzeitig mit der Junkerslilie (*Asphodeline lutea*) am Rand der Pflanzung. Einige Lichtnelken (*Lychnis coronaria*) in Weiß und Lila haben noch eine freie Stelle gefunden und tragen mit dazu bei, dass diese Fläche nun bunt wird.

Mitte Juni werden die Flockenblumen zurückgeschnitten. In die entstandenen Lücken pflanzen wir einige einjährige Spinnenblumen (*Cleome spinosa*). Ende Juni übernehmen die rund fünfzig kräftigen Taglilienhorste die Vorherrschaft. Immer mehr gelbe und orangefarbene Tagliliensorten blühen auf und stimmen auf den Hochsommer ein. Dazwischen schießen die Königskerzen (*Verbascum chaixii*) in Weiß und Gelb gen Himmel. Nichts erinnert mehr an das Narzissenmeer des Frühlings.

Eine Staudenwiese für das ganze Jahr

Die beschriebene Staudengesellschaft hat sich auf unserem Boden bewährt und sorgt dafür, dass die Fläche während des gesamten Gartenjahres einen Wiesencharakter hat. Ausgangspunkt war unser Wunsch, nach der üppigen Narzissenblüte auf dieser Fläche eine charakteristische Bepflanzung zu haben und das weniger attraktive Narzissenlaub zu integrieren.

Ausblick vom Innenhof in den »Weißen Garten«, in dem es auch in der oberen »Baumetage« im Hintergrund strahlend weiß blüht.

Die Gemüsesaison beginnt

Wenn die Narzissen blühen, liegt das Gartenjahr mit seinen oft überraschenden Entwicklungen noch vor uns. Eine Vielzahl von blühenden Obstbäumen begleitet die Narzissenblüte. Anfang April sind es die Pflaumen- und Pfirsichbäume, später kommen dann die Birnen- und Kirschbäume dazu. Durch die Muldenform des Grundstückes tauchen die einzelnen Bäume und die Narzissen in verschiedenen Höhen auf, was ihre Wirkung deutlich verstärkt.

Wenn dann noch der niederrheinische Himmel mit weißen Cumulus-Wolken den Gesamteindruck perfektioniert, hat der Frühling seinen Höhepunkt erreicht.

Für uns Gartenbesitzer sorgt die drängende Arbeit im Gemüsegarten dafür, dass wir nicht die Bodenhaftung verlieren. Die beiden großen Beete des Gemüsegartens müssen umgegraben und eingesät werden. Nach wie vor bevorzugen wir das klassische Umgraben mit dem Spaten. Dabei wird jedes zweite Jahr abgelagerter Kuhmist eingearbeitet. Wie bei einem Hausputz wird alles im Winter gewachsene Unkraut Furche vor Furche von der Oberfläche vertilgt, und die Fläche zwischen den *Buxus*-Hecken liegt gleichmäßig eben zur Aussaat und zum Bepflanzen bereit.

Der Duft der Erde kündigt ein neues Gartenjahr an

Wenn das Wetter es zulässt, können wir mit dem Umgraben schon in der zweiten Februarhälfte beginnen. Dann gibt es am Niederrhein oft sonnige Tage mit etwas Wind, der den winterfeuchten Boden gut austrocknet. Wir lieben es, wenn die Erde krümelig vom Spaten in die neue Furche fällt. Der Duft dieser frisch umgegrabenen Erde gehört zu den Gerüchen der Kindheit eines Landkindes und ist untrennbar mit Frühling verbunden. Die frische Erde verheißt ein neues Gartenjahr; wahrscheinlich spiegelt sich in diesen Eindrücken ein Erbe von Generationen bäuerlicher Vorfahren, für die die Vorbereitung des Bodens und die Aussaat von existenzieller Bedeutung waren.

Die Pflanzreihen im Gemüsegarten werden nach alter Art mit Pflanzleine und Zollstock abgemessen. Die geraden Reihen erleichtern die Pflege, weil sich dazwischen gut hacken lässt. Sie decken sich auch mit unseren ästhetischen Vorstellungen von einem Gemüsegarten, bei dem im kräftig grünen Rahmen der Buchsbaumhecken alles in ordentlichen Reihen stehen muss. Erst später im Jahr, im Hochsommer, dürfen verschiedene Sommerblumen diese Strenge durchbrechen.

Im Frühling, wenn rings um den Gemüsegarten ein Blütenmeer sondergleichen alle Formen verwischt, soll unser Gemüsegarten die Ordnung repräsentieren und dadurch der gesamten Anlage einen optischen Ruhepunkt geben.

rechts: In der Narzissenzeit ist die Fülle der Blüten überwältigend. Doch kann die Blütenpracht des Rhododendron ›Rothenburg‹ jetzt einer einzigen Frostnacht zum Opfer fallen.

Die ersten Reihen des Gemüsegartens werden mit Spinat und Möhren eingesät, dazwischen gibt es einige Reihen mit Steckzwiebeln und Schalotten. Diese Mischkultur soll Schädlinge fernhalten, was für Spinat und Zwiebeln auch zutrifft. Trotzdem hat sich in den letzten Jahren der Schaden durch die Möhrenfliege verstärkt. Irgendwann hat auch der Holztaubenbestand so zugenommen, dass wir die Kohlbeete mit Netzen gegen diese gefräßigen Vögel schützen mussten. Der nächste Schritt war, dass wir die Kohlreihen mit einem Vlies vor der Kohlfliege und anderen Schädlingen abgedeckt haben, um die Ernte zu retten. Die Erbsen brauchten einen Schutz gegen die Tauben und ihre unterirdischen »Liebhaber«, die Wühlmäuse, die wir nur mühsam bekämpfen konnten. Seit zwei Jahren breiten wir auch über die frisch gesäten Spinatbeete Vlies aus, bis die Sämlinge etwa vier Blätter entwickelt haben. Ungeschützt werden die Keimlinge leicht von Schadpilzen befallen und ein großer Teil stirbt ab.

Trotzdem werden wir auch weiterhin keine chemischen Pflanzenschutzmittel einsetzen und die zusätzlichen Mühen, die in den letzten Jahren notwendig geworden sind, auf uns nehmen.

Die Arbeiten im Gemüsegarten ziehen sich über vier bis fünf Wochen hin. Und während wir all diese Arbeiten verrichten, bewegen wir uns in dem Blütenmeer aus weißen und gelben Narzissenblüten.

Die Zeichen der Zeit

Wir setzen kein Gift ein und merken, dass der Gemüseanbau schwieriger geworden ist. Noch vor 15 Jahren konnte er wie in unserer Kindheit betrieben werden, doch die Veränderungen in der Umwelt machen auch vor unserem Garten nicht halt. Wenn wir jetzt im Frühling durch den Gemüsegarten gehen, fallen vor allem die Schutzmaßnahmen ins Auge, denn viele Beete sind mit einem Netz oder Vlies abgedeckt. Erst im Laufe des Frühsommers verschwinden diese optisch nicht gerade attraktiven Verteidigungsmaßnahmen.

6

Die Eleganz der Tulpen

Die Zeit der Tulpen, Kaiserkronen und Judaspfennige,
der frühjahrsblühenden Gehölze und
außergewöhnlichen Stauden

Die Vorboten der Tulpenzeit zeigen sich in unserem Garten schon Anfang April, …

… wenn die ersten Exemplare – in Terrakottatöpfen oder Steintrögen am Haus aufgestellt – zu blühen beginnen.

Auch im »Weißen Garten« mischen sich bereits einzelne Gruppen der *Tulipa-fosteriana*-Sorte ›Purissima‹ unter die Narzissen. Dies sind besonders dankbare und lang blühende Tulpen, deren große, eiförmige Blüten sich gelblich grün öffnen, um dann langsam in ein strahlendes Weiß überzugehen. Die eigentliche Tulpenzeit beginnt jedoch in den letzten Apriltagen, wenn späte Sorten wie ›Queen of the Night‹ oder die lilienblütigen Tulpen ihre Kelche öffnen. Die Narzissenblüte geht dann zu Ende und kräftigere Farbtöne lösen das weiß-gelbe Blütenmeer ab. An vielen Stellen tauchen wie zufällig einjährige Judaspfennige *(Lunaria annua)*, auch als Judassilberlinge bekannt, in Violett und Weiß auf. Sie werden später zum größten Teil wieder ausgerissen; nur einige dürfen stehen bleiben, um sich auszusäen. Zu diesem Zeitpunkt kommen auch die Rhododendren in ihrer ganzen Pracht dazu. Wir haben überwiegend solche Sorten gepflanzt, deren Knospen sich erst im Mai öffnen und somit weniger frostgefährdet sind.

Am Zugang zum »Weißen Garten« ergeben die großblumigen Rhododendron-Hybriden ›Blueshine Girl‹, ›Maharani‹ und ›Viscy‹ eine farblich aufeinander abgestimmte Kombination von Weiß bis Creme, deren Blüten in unserer wintermilden Region noch nie erfroren sind. Im Eingangsbereich des Gartens stehen Fliederbüsche, die die violetten Farbtöne um weitere Nuancen ergänzen. Diese Periode ab Anfang Mai ist dann die eigentliche »Tulpenzeit«. Wir bezeichnen sie so, weil für die nächsten drei bis vier Wochen im gesamten Garten die Tulpen durch ihre Eleganz entscheidende Akzente setzen.

Da sind zunächst die lilienblütigen Sorten, die auf langen Stielen ihre schmalen Kelche tragen. Von der Sorte ›White Triumphator‹ haben wir längs des Holzzaunes am südlichen Ende des Gemüsegartens eine ganze Reihe gepflanzt. Sie heben ihre Kelche bis zur oberen Zaunkante und haben etwas Tänzerisches, Ballerinenhaftes, wenn sie sich bei Sonne ganz öffnen.

links: Den jährlichen Höhepunkt im »Purpurgarten« bilden Judaspfennige und einzeln gepflanzte schwarze Tulpen. Sie ergänzen sich besonders gut.

Rhododendron zur Tulpenzeit

Die Tulpenepoche wird ab Anfang Mai von üppigen Rhododendronblüten in Weiß- und Cremetönen begleitet. Da wir bewusst spät blühende Sorten ausgewählt haben, brauchen wir uns um Spätfröste kaum Sorgen zu machen. Dazu kommt noch, dass die Rhododendronblüte in unserem Garten vom relativ milden Winter am Niederrhein profitiert. Unsere Sortenwahl lässt sich jedoch nicht auf jeden Standort übertragen. Wenn Sie in einem anderen Landstrich wohnen, weiß sicher Ihr Gärtner vor Ort, welche Sorten dort am unempfindlichsten gegenüber Minusgraden sind.

links: Alle Tulpen werden zum Schutz gegen Wühlmäuse in Plastiktöpfe gepflanzt und anschließend im Boden versenkt.

rechts: Ein Blick vom Kräutergarten zum »Purpurgarten« zeigt, dass die lilienblütigen Tulpen ›Marietta‹ schon Anfang Mai Farbe in den Kräutergarten bringen.

Topfkultur kontra Wühlmäuse und Bodenmüdigkeit

Für die Tulpen haben wir eine besondere Pflanztechnik entwickelt, wobei wir auf der Suche nach geeigneten Schutzmechanismen vor Wühlmäusen verschiedene Stadien durchlaufen haben. Zunächst haben wir auf die im Handel erhältlichen Pflanzkörbe zurückgegriffen. Diese erwiesen sich aber als nur mäßig hilfreich. Wir hatten den Eindruck, dass die Wühlmäuse sich einen Spaß daraus machten, sich von unten durch die Wurzeln hochzufressen und dabei sogar den Plastikboden durchzuknabbern, wenn sie nicht gar über den schmalen Rand gestiegen sind, um die Körbe systematisch zu leeren. Deshalb bastelten wir uns Drahtkörbe aus zweierlei Maschendraht: Zuerst haben wir aus einem festen Metallgitter mit Hilfe einer Drahtschere schmale Streifen geschnitten, die dann mit engmaschigem Hühnerdraht zu runden Körben geformt wurden. Zusätzlich kam beim Pflanzen ein Verschlussdeckel aus dem gleichen Hühnerdraht oben auf die Körbe. Die Wühlmäuse müssen sehr frustriert gewesen sein, denn dieser mechanische Schutz stellte sich als optimal heraus.

Der Erfolg wurde leider dadurch gemindert, dass der Boden »tulpenmüde« wurde. Spätestens im dritten Jahr zeigte Grauschimmelbefall *(Botrytis)* an, dass an dieser Stelle keine Tulpen mehr gepflanzt werden konnten. Durch einen Zufall kamen wir auf die Idee, Tulpen in einfache Plastiktöpfe zu setzen und diese im Erdreich zu versenken.

Der Erfolg war verblüffend, und seit mehr als fünf Jahren hat sich diese Methode als die bisher beste erwiesen, weil sie gleich zwei Probleme auf einmal löst: Zum einen steigen die Wühlmäuse nicht über den Rand der Töpfe, der noch unter der Erdoberfläche liegt. Und bis auf seltene Ausnahmen blieben selbst die kleinen, oft nur 8 cm hohen Plastiktöpfe für nur eine Tulpenzwiebel verschont.

GEWUSST WIE!

Tulpenzwiebeln in Kunststofftöpfen auszupflanzen bietet mehrere Vorteile:

- Einen wirksamen Schutz vor Wühlmäusen.
- Durch die frische Topferde kann wiederholt an die gleiche Stelle gepflanzt werden, weder Ermüdungserscheinungen des Bodens noch Pilzkrankheiten treten auf.
- In der Blüte nachlassende Tulpen können mitsamt der Töpfe rasch ausgetauscht werden.
- Der Austausch der Töpfe schont den Wurzelbereich angrenzender Pflanzen.
- Das Bestücken der Töpfe im zeitigen Herbst ermöglicht eine frühzeitige Wurzelbildung und termingerechtes Pflanzen.

links: Die Tulpensorte ›Apricot Beauty‹ passt malerisch zu salzglasierten bäuerlichen Vorratsgefäßen. Die Zwiebeln werden in Plastiktöpfe gepflanzt, sodass sie später leicht gegen Sommerblüher ausgetauscht werden können.

Die Tulpenzwiebeln werden in zwei Lagen in ausreichend große Terrakottatöpfe gepflanzt. Auf die untere »Zwiebeletage« kommt eine etwa 8 cm dicke Schicht Erde, worauf die zweite Lage Tulpenzwiebeln folgt.

Zum anderen erhalten durch diese Pflanztechnik die Tulpen jeden Herbst frische Erde. Dadurch können sie immer wieder an dieselbe Stelle gepflanzt werden, ohne dass der Boden »tulpenmüde« wird. Von Pilzkrankheiten befallene Tulpen sind seitdem aus unserem Garten verschwunden.

Die Pflanztechnik mit Plastiktöpfen hat noch den weiteren Vorteil, dass der Wurzelbereich von Stauden bei der herbstlichen Tulpenpflanzung geschont wird bzw. andere Blumenzwiebeln nicht aufgewühlt werden. Zudem sind viele Tulpensorten so hochgezüchtet, dass ihre Blühwilligkeit im zweiten oder dritten Jahr erheblich abnimmt und sie dann durch neue Zwiebeln ersetzt werden müssen. Mit der von uns entwickelten Methode brauchen nur noch die Töpfe ausgetauscht zu werden, und das bringt eine gewaltige Arbeitsersparnis. Außerdem können wir die Töpfe schon früh im Herbst bepflanzen und sie in einen Teil des Anzuchtbereiches stellen, um sie bis Ende Dezember an den vorgesehenen Stellen zu versenken. Bis dahin können sie schon Wurzeln ausbilden, was für eine termingerechte Blütezeit wichtig ist.

Wenige Blüten entfalten eine große Wirkung

Auch für unser selbst entwickeltes Pflanzschema ist diese »Topfkultur« von großem Vorteil. Von den so häufig anzutreffenden, massigen Tulpenpulks, sei es in Gärten oder auf Abbildungen, waren wir noch nie sonderlich begeistert. Genauso wenig anregend empfinden wir die Schaupflanzungen in öffentlichen Anlagen, bei denen die Tulpe zur Masse wird, die Farbe zwar ins Auge springt, aber auch gleichzeitig etwas Plumpes und Erdrückendes bekommt. Dagegen zeigen alte orientalische Bilder aus Persien oder der Türkei stets nur einzelne Tulpenblüten. Ebenso werden auf Kupferstichen aus dem 17. und 18. Jahrhundert oft nur die einzelnen Blüten nebeneinander gestellt. Auch die skurrilen Delfter Tulpenvasen aus der gleichen Zeit haben nur Öffnungen für jeweils einen Stiel, sodass die einzelne Blüte wirklich zur Geltung kommt.

Dies brachte uns auf die Idee, Pflanzkonzepte zu entwickeln, die jede einzelne Tulpenblüte betonen. Dafür eignen sich lilienblütige Sorten ganz besonders, aber auch die großen, etwas plumpen Blüten der Darwin-Hybriden wirken weniger massig, wenn sie einzeln, zu zweit oder zu dritt über ein ganzes Beet flächig verteilt werden. Zu dieser Zeit sind die Stauden auch schon kräftig ausgetrieben und das Grün ihres Blattwerkes ergänzt angenehm jede einzelne Tulpe.

Die Tulpenreihe mit der Sorte ›White Triumphator‹ am Gemüsegarten ist ebenfalls nicht soldatisch streng ausgerichtet. Hier werden jeweils fünf Zwiebeln in einen Plastiktopf mit etwa 15 cm Durchmesser gepflanzt, wodurch eine lockere Reihe entsteht. Orienta-

rechts: Die Tulpen werden farblich sorgsam aufeinander abgestimmt. Die grün mit rosa Rand blühende Sorte ›Groenland‹ im Vordergrund passt zum Beispiel sehr gut zu den lilienblütigen Tulpen im Kräutergarten.

Die altrosa Blüte des Zierapfels ›Liset‹ fügt sich hervorragend in die rosa und violetten Töne des »Purpurgartens« ein.

lische Lilien *(Lilium-Auratum-*Hybriden*)* der Sorte ›Marco Polo‹ haben wir in ebenso große Töpfe gepflanzt, in die jeweils drei Zwiebeln passen. Nach der Tulpenblüte können wir die Töpfe schnell austauschen, sodass dann im Juli an dieser Stelle hellrosa blühende Lilien ihre schweren Köpfe über den Zaun legen.

Kräutergarten und »Purpurgarten« im Blütenrausch

Im Kräutergarten stehen in jedem Viertel etwa 100 rosafarbene Exemplare der lilienblütigen Tulpensorte ›Marietta‹ in Blüte. Die Zwiebeln werden einzeln in kleine Töpfe gepflanzt und über die ganze Fläche verteilt. Dadurch entsteht ein lockeres, natürliches Bild, und gleichzeitig verwandelt sich der Kräutergarten in ein Blütenmeer. Da sich die einzelnen Kräuter erst ab Juni voll entwickeln, verleiht die Tulpenbepflanzung diesem Teil des Gartens schon im Mai ein schönes Bild. Zudem hat die Sorte ›Marietta‹ eine lange Blühzeit, während der sie in kräftigem Lilarot leuchtet und im Verblühen in ein Altrosa übergeht. Dazu kommt ganz zum Schluss ein leichter Grauton. An schönen Abenden setzen wir uns an den Rand des Kräutergartens und genießen dieses Farbenspiel.

Direkt neben dem Kräutergarten liegt der »Purpurgarten«, der zu dieser Zeit seinen farblichen Höhepunkt erreicht. Viele violette Judaspfennige verteilen sich über das gesamte Beet, dazwischen stehen einzeln, zu zweit oder zu dritt die fast schwarzen, einfachen Blüten der späten Tulpensorte ›Queen of the Night‹.

Der »Gelbe Hügel« Anfang Mai: Hier wurden gelbe Kaiserkronen mit der spät blühenden, goldgelben Tulpe ›Golden Apeldoorn‹ kombiniert.

Über diesem Farbenmeer, eine Etage höher, ergänzen die Zieräpfel ›Liset‹ mit altrosa Blüten und ›Profusion‹ mit dunkelroten Blüten das Bild. Der Kräutergarten und der »Purpurgarten« werden von der alten Rotbuchenhecke umgrenzt und bilden eine räumliche und farbliche Einheit.

Farblicher Höhepunkt auf dem »Gelben Hügel«

Auch dieser Gartenteil erreicht jetzt seinen Höhepunkt. Rund 100 gelbe Kaiserkronen (*Fritillaria imperialis* ›Lutea‹) stehen in kleinen Gruppen verteilt über das 100 m² große Beet. Ursprünglich hatten wir 30 kräftige Zwiebeln gepflanzt, doch der halbschattige Standort unter der großen Robinie (*Robinia pseudoacacia*) war für sie anscheinend so ideal, dass sie sich kräftig vermehrt haben. Dazu trägt auch die Sommertrockenheit bei, denn der alte Baum nimmt viel Wasser auf. Ende April bis Anfang Mai haben die Kaiserkronen eine Höhe bis zu einem Meter erreicht und stehen in voller Blüte.

Gleichzeitig erscheinen die gelb blühenden Tulpen der Sorte ›Golden Apeldoorn‹, die mit zu den bekanntesten Darwin-Hybriden gehören. Von ihnen wurden etwa 300 Stück flächig gepflanzt, entweder einzeln oder in kleinen Gruppen. Dabei bleiben die Tulpen gut 20 cm niedriger als die Kaiserkronen, haben aber denselben Farbton, sodass eine äußerst intensive Gelbtönung ereicht wird. Gesteigert wird dieser Eindruck noch durch die gleichmäßige Hügelform des Beetes, die eine Staffelung gut möglich macht.

Am Rande des Beetes, direkt am Weg, öffnen sich zur selben Zeit die ersten Knospen der Gelben Kaukasus-Pfingstrose *(Paeonia mlokosewitschii)*, einer aparten Wildform. Ihre zarten, schalenförmigen Blüten in hellem Gelb erstrahlen leider nur wenige Tage, sind aber von einer unglaublichen Schönheit. Schon der Austrieb dieser Pflanze ist durch die rötlichen Stiele und Blattadern eine Zierde. Diese Päonienart ist nach unseren Erfahrungen nicht einfach zu kultivieren. Vor mehr als zehn Jahren haben wir drei Pflanzen gekauft und an verschiedenen Standorten getestet. Im Halbschatten des »Gelben Hügels« wachsen sie am besten und haben sich sogar dort ausgesät. Die Bestätigung für die richtige Standortwahl fanden wir in England, denn auf Sissinghurst gedeiht diese Pfingstrose ebenfalls im Halbschatten von Sträuchern. In ihrer unmittelbaren Nachbarschaft steht eine andere gelbe Besonderheit: eine Fuchsbohne oder Frühlingslupine *(Thermopsis)*. Ihre Blüten, in etwas hellerem Gelb als die Kaiserkronen, erhalten einen besonderen Akzent durch die dunklen, blau getönten Stiele, die die schmalen Trauben dieses Lippenblütlers tragen. Die Kombination der beiden Stauden wirkt sehr elegant und lockert den etwas massiven Eindruck der Kombination von Tulpen und Kaiserkronen auf.

Die Blütenglocken der gelben Kaiserkronen haben ein raffiniertes Innenleben, sodass es sich lohnt, sie aus der Nähe zu betrachten.

Tulpen in Terrakottatöpfen setzen Akzente

Die Tulpenblüte im Garten wird in ihrer Überschwänglichkeit durch viele große, ebenfalls mit Tulpen bepflanzte Terrakottatöpfe noch verstärkt. Wenn im Herbst die Fuchsien und andere Kübelpflanzen aus den Gefäßen genommen werden, um in leichteren Plastikcontainern zu überwintern, werden die Tontöpfe mit Tulpenzwiebeln bestückt. Während des Winters stehen die Töpfe in einer geschützten Ecke und benötigen so keinen besonderen Frostschutz. Im Frühjahr, wenn die Tulpen langsam austreiben, brauchen sie viel Wasser; regelmäßiges Gießen ist für die Blütenentwicklung wichtig. Durch die Pflanzung in zwei Lagen wirken die Gefäße übervoll (siehe Kasten S. 72).

Wir stellen die Töpfe an den Rand der Kiesflächen, auf die Terrassen oder auf erhöhte Punkte, sodass sie

Im Wandel der Natur

In den letzten drei Jahren hat sich die Blütezeit der Kaukasus-Pfingstrose immer weiter nach vorne verschoben. Am Anfang öffneten sich die Knospen in der zweiten Maihälfte, zusammen mit den ersten *Iris barbata*. Ab dem Jahr 2000 blühten die Pflanzen in der ersten Maiwoche und im Jahr 2002 bereits in den letzten Apriltagen. Diese Beobachtung konnten wir auch bei unseren Rosen machen. Sie wetteifern mittlerweile mit den Bartiris und liefern uns bereits Ende Mai einen üppigen Geburtstagsstrauß.

links: Die so genannte »Schwarze Tulpe«, die Sorte ›Queen of the Night‹, hat bei genauer Betrachtung der einzelnen Blüten ein nuancenreiches Farbspiel zu bieten.

rechts: Große Terrakottatöpfe mit Tulpen erhalten dort einen Platz, wo sie besonders gut zur Geltung kommen. Die Sortenvielfalt ermöglicht jedes Jahr neue Kombinationen.

sich von der übrigen Bepflanzung deutlich abheben. Die lang blühende, mittelfrühe Tulpe ›Apricot Beauty‹ passt mit ihren einfachen Blüten in Aprikot-Rosa hervorragend zu altem Mauerwerk und steht deshalb in der Nähe der Remise aus Feldbrandsteinen. Auch in den alten bäuerlichen Vorratsgefäßen aus Ton mit dunkelbrauner Salzglasur erzielt sie eine hervorragende Wirkung und ist selbst noch im Verblühen attraktiv.

Auf diese Weise können wir selbst etwas exotisch anmutende Tulpen gut hervorheben, die – in einer Rabatte gepflanzt – Schwierigkeiten mit ihren Nachbarn hätten. Die rosa-weiß geflammte Tulpe ›Marylin‹, die neben ihrer auffallenden Zeichnung noch durch ihre lilienblütige Kelchform besticht, begeistert uns sehr. In unserem Garten wäre sie allerdings nur sehr schwer in eine Pflanzung zu integrieren, im Topf aber kann sie am Rande einer Kiesfläche stehen. Eine solche Umgebung neutralisiert die Farbwirkung und betont gleichzeitig die bizarre Form dieser Tulpen. Gleiches gilt für die gefüllte, weiß-rote Sorte ›Carnaval de Nice‹, während sich Papageientulpen nach unserem Geschmack sowohl in Töpfen als auch in den Beeten nur schwer einfügen. Inzwischen kaufen wir von dieser Art nur noch Schnittsorten, die dann im Februar und März im Haus als »Salonblume« ihre Exotik entfalten dürfen.

Dauerhafte Begleiter der Tulpen

Betritt man den Garten über die große Kieseinfahrt, ziehen die Tulpentöpfe an der Remise und auf dem kleinen Platz sofort die Aufmerksamkeit auf sich. Beim Rundgang durch den Garten ergibt sich dann eine

So blüht der »Tulpentopf« besonders üppig

Eine dichte Blütenfülle wird dadurch erreicht, indem wir die Zwiebeln in zwei Lagen pflanzen. Auf den Topfboden kommt zunächst ein Sand-Kies-Gemisch als Dränage, dann qualitativ hochwertige Gartenerde aus unserem Gemüsegarten oder Anzuchtbereich und darauf die erste Lage Tulpenzwiebeln. Dann folgt erneut eine Schicht Erde und eine zweite Lage Tulpen, die wiederum mit Erde abgedeckt wird. Die frischen Zwiebeln vertragen weder aufgedüngte Pflanzerde, wie sie im Handel angeboten wird, noch Komposterde.

Zu unseren Lieblingsmagnolien gehört die Sorte ›Lennei‹, deren große Blütenkelche uns an alte Sammeltassen erinnern.

Steigerung bis zum ersten Höhepunkt auf dem »Gelben Hügel« und weiter bis zum letzten Gartenraum mit den vier Kräuterbeeten und dem »Purpurgarten«, in dem etwa 800 Tulpen blühen. Insgesamt tauchen auf dem ganzen Gelände zur Hauptblüte etwa 2000 Tulpen gleichzeitig auf, sodass wir zu Recht von einer »Tulpenzeit« in unserem Garten sprechen können. Doch es gibt einen wichtigen Unterschied zur vorhergehenden »Narzissenzeit«, die mit ihrer überbordenden Blütenfülle wie ein unbekümmerter Frühlingsbeginn wirkt: Mit den Tulpen ist alles verhaltener, die Farben und Formen eleganter.

Eine botanische Kostbarkeit wie der Blauglockenbaum *(Paulownia tomentosa)* lässt seine an Fingerhüte erinnernden Blütenrispen in einem außergewöhnlichen Blauviolett aufblühen. Dieser Baum kann gewaltig groß werden. Unser Exemplar hat jedoch einen Frostschaden am Stamm, sodass sein Wachstum gebremst ist und er sich gut in die Rosenböschung oberhalb der Obstwiese einfügt. Zudem wächst er aus diesem Grund leicht schräg, passend zur Geländeform.

Ein Blumen-Hartriegel *(Cornus nuttallii)* trägt bis zu 10 cm Durchmesser große, weiße Blütensterne, die aufgrund ihrer Größe leider auch wind- und regenanfällig sind. An vielen Stellen haben sich Vergissmeinnicht ausgesät und vervollkommnen das Bild am Boden. An der Sissinghurst-Bank steht eine Tulpenmagnolie *(Magnolia × soulangiana)* der Sorte ›Lennei‹. Ihre großen Blüten haben die Form alter Sammeltassen und passen mit einer dunklen, lilaroten Außenseite hervorragend ins Farbspektrum. Innen sind die Blüten gleichmäßig milchig weiß mit zauberhaften Staubgefäßen und einem betörenden Duft.

Jede einzelne Tulpenzwiebel verheißt einen Blütenkelch im Frühling und lässt schon beim Pflanzen Vorfreude aufkommen.

Diese eigenständige violette Phase hat sich erst langsam entwickelt und war von uns zunächst nicht geplant. Ursprünglich gab es nach den Narzissen eine Blühpause, denn damals waren die Rhododendrenbüsche gerade erst gepflanzt und kamen im Gesamtbild noch nicht zur Wirkung. Gleichzeitig versamten sich die Judaspfennige zunehmend. Zwar haben wir es nicht geschafft, die zahllosen Sämlinge vollständig zu entfernen, dafür haben wir festgestellt, dass sie mit ihrer Farbe hervorragend die Zeit zwischen den Narzissen und den ersten Stauden überbrücken können. Auf der Suche nach Partnern, die die Lunarien ergänzen sollten, entdeckten wir die spät blühenden Tulpen. Ihre klaren und eleganten Formen bilden einen außerordentlichen Kontrast zu der buschigen Wuchsform der Judaspfennige. Dabei achteten wir besonders auf die farbliche Abstimmung, um den eigenen Charakter dieser Zeit nach der Narzissenblüte zu betonen.

Zeit für neue Ideen

Wir Gartenbesitzer haben nach dem arbeitsintensiven Frühjahrsauftakt jetzt eine kleine Ruhepause und können die Ergebnisse unserer Herbstarbeit genießen. Da wir jeden Herbst etwa 3000 Tulpenzwiebeln neu pflanzen, hat das schon etwas vom »Tulpenwahn« vergangener Zeiten. Doch wenn wir im Herbst aufmerksam durch die großen Hallen unseres Blumenzwiebel-Lieferanten gehen, üben gerade die Kisten voller Tulpenzwiebeln einen besonderen Reiz auf uns aus. Diese Zwiebeln haben eine gleichmäßige, sehr ansprechende Form und verheißen eine reiche Frühlingsblüte, sodass wir einfach nicht widerstehen können. Wenn uns dann noch Restposten, wie etwa eine Kiste mit 500 dieser verlockenden Zwiebeln, zum Sonderpreis angeboten werden, gibt es kein Halten mehr. Die Überlegung, welche Freunde sich diese Schätze mit uns teilen, lässt uns nicht lange zögern, noch weitere Angebote mitzunehmen. Dadurch, dass wir von unserer Einkaufsliste abgewichen sind, erhöht sich die Zahl der Tulpenzwiebeln leicht von 2500 auf 3500. Zu Hause angekommen tritt dann eine gewisse Ernüchterung ein, wenn die vollen Säcke zwischengelagert werden müssen und überlegt wird, an welcher Stelle die unvorhergesehenen Neuzugänge platziert werden. Doch diese Herausforderung nehmen wir gerne an, denn es findet sich immer wieder eine Stelle für Tulpenzwiebeln, die uns dann im Frühjahr mit ihrer Blüte erfreuen.

Unentbehrliche Judaspfennige

Wenn die Judaspfennige verblüht sind, werden die meisten Exemplare entfernt. Denn sie sind sehr robust und neigen dazu, mit ihrer Wuchsfreude umgebende Pflanzen zu erdrücken. Einige lassen wir jedoch stehen, weil die Samenstände eine reizvolle Ergänzung zu blauen Stauden oder den großen violetten Blütenkugeln von Zierlauch-Arten *(Allium)* sind. Außerdem übernehmen sie im Staudenbeet gelegentlich Stützfunktionen. Spätestens Ende Mai werden die meisten Samenstände entfernt; nur ganz wenige Lunarien bleiben stehen, damit sie sich aussäen können.

Juwelen von kurzer Dauer

Die Zeit der malerisch blauen Iristöne, der Spinat- und Spargelernte, blühender und duftender Gehölze sowie einer Vielzahl von Kübelpflanzen

links: Die blauen Iris begeistern uns immer wieder aufs Neue. Zum Beispiel die hohe Sorte ›Blue Luster‹, die sich durch einen dunklen Bart auszeichnet.

rechts: Vereinzelt stehen auch Iris am Rande des Wiesengartens. Zusammen mit Wiesenraute und Akelei ergibt sich eine sehr dekorative Kombination.

Dass Iris unseren Garten ungemein bereichern und effektvolle Akzente setzen würden, haben wir vor rund 20 Jahren entdeckt.

Den Grundstein legte eine Reise in die Schweiz, bei der wir in der nahe Freiburg gelegenen Staudengärtnerei »Gräfin von Zeppelin« einen Zwischenstopp einlegten.

Es war Hochsommer und die Irisblüte längst vorbei, aber dort sahen wir zum ersten Mal beeindruckende Katalogbilder von großblumigen *Iris-Barbata*-Hybriden. Bisher kannten wir nur die Schwertlilien *(Iris germanica)* in den Bauerngärten unserer Umgebung, die an besonders kargen Ecken der Gärten ihr Dasein fristeten. Sie trugen für kurze Zeit ihre meist hellblauen Blüten von nicht beachtenswerter Größe, um dann für den Rest des Jahres erneut in einen Zustand zurückzuverfallen, der ihnen keine besondere Zuwendung abverlangte.

Größe, Formen und Farben der abgebildeten Blüten faszinierten uns, Blautöne in allen denkbaren Abstufungen wurden angeboten. Deshalb überlegten wir nicht lange und kauften auf der Stelle die besten, wenn auch relativ teuren Rhizome. Zu Hause wurden die Iris anhand der Pflanzanleitung auf einen kleinen Hügel gepflanzt. Tatsächlich trieben im nächsten Juni die ersten Knospen und wir warteten voller Ungeduld darauf, dass sie sich entfalteten. An einem wunderschönen Junimorgen hatte sich dann eine leuchtend blaue Blüte der Sorte ›Virginia Squire‹ geöffnet. Für uns war es eine bis dahin unvorstellbar große Blüte mit stark gerüschten Rändern und zartem Duft, die unsere – von den Katalogbildern geweckten – Erwartungen voll erfüllte. Damit hielt die Gattung *Iris* Einzug in unseren Garten.

Zwischen den Buchsbaumkugeln, die den Weg zur Bleikugel begleiten, blühen Zwergiris in fünf verschiedenen Blautönen.

In den folgenden Jahren informierten wir uns in der Fachliteratur über die verwirrende Vielfalt dieser Pflanzengattung, doch die meisten Arten waren nicht oder nur mit Mühe im Handel erhältlich. Unser Interesse galt in erster Linie den großblütigen Bartiris, die durch die Farbe und Größe der Blüte faszinieren und vor allem in Frankreich und in den USA gezüchtet wurden.

Es sind die Blautöne, die uns begeistern, denn keine andere Gartenpflanze weist eine solche Bandbreite dieses Farbspektrums auf wie die Iris. Die Palette reicht vom hellen, fast grauen Blau bis zum tiefsten Blauschwarz. Dazwischen liegen alle denkbaren Nuancen, hinzu kommen zweitonige Iris, bei denen die Hängeblätter einen anderen Blauton haben als die aufrechten Domblätter. Dann gibt es noch die Sorten, bei denen die Adern in den Blüten einen anderen Blauton aufweisen als die Grundfarbe. Noch mehr Unterschiede ergeben sich aus der Farbe des Bartes auf den Hängeblättern. Er kann weiß sein, einen anderen Blauton aufweisen oder sogar in flammendem Rotorange leuchten. So wie ein Maler die Farben auf seiner Palette scheinbar in unendlich vielen Variationen mischen kann, so umfangreich haben die Iriszüchter mit blauen Iris experimentiert. Die Kataloge der Irisgärtnereien, die überwiegend in Frankreich zu Hause sind, geben ein Zeugnis davon.

Die poetischen Namen wie ›Memphis Blues‹, ›Peaceful Waters‹, ›Song of Norway‹ oder ›Horizon Blue‹ werden diesen Züchtungen durchaus gerecht.

Großblumige Bartiris wollen gehegt und gepflegt werden

Mit ihren robusten bäuerlichen Vorfahren haben diese hochgezüchteten Hybriden nicht mehr viel gemeinsam. Bezüglich Standort und Pflege sind sie sehr anspruchsvoll. Bester Boden ist Voraussetzung, bevorzugt wird lehmhaltige, humose Gartenerde mit gutem Wasserabzug. Die »Nachbarschaft« sollte auf Distanz gehalten werden, denn ein Überwuchern der Rhizome lieben Iris nicht. Am besten stellt man ihnen ein eigenes Beet zur Verfügung, auf dem diese Aristokraten der Pflanzenwelt ganz unter sich sind. Wir haben ihnen am südlichen Ende des Bauerngartens jeweils drei Reihen eingeräumt, wo sie hervorragend gedeihen. In manchen Jahren pflanzen wir direkt daneben Rotkohl, denn die Farbe der Kohlblätter passt verblüffend gut zu den überwiegend blauen Iris. Ein befreundeter Maler war von dieser Farbkombination so angetan, dass er sie auf der Leinwand festgehalten hat. Auf der anderen Seite des Weges steht eine Reihe Alter Rosen, die in den letzten Jahren aufgrund der Klimaverschiebung schon zur Zeit der Iris zur Blüte kommen. Doch die Iris schaffen es jedes Mal, der »Königin der Blumen« die Show zu stehlen.

Weitere Iris befinden sich vor allem auf den beiden Hochbeeten am oberen Ende des Gemüsegartens. Dort kann man ganz nah an ihnen vorbeigehen und die Blüten in Augen- und Nasenhöhe genießen.

Iris sind Sonnenkinder, mehrere Regentage hintereinander können ihre kurze Blütezeit erheblich beein-

Dieses Bild zeigt eine weitere blaue Bartiris mit dem klangvollen Namen ›Bei Azur‹. Leider verkürzen Regentage die Blütezeit dieser mittelhohen Sorte erheblich.

Mit der Iris Auge in Auge

Die Möglichkeit, Irisblüten in Augenhöhe zu beobachten, lässt die vielen Details der Sorten zur Geltung kommen – etwa die zarten, kräftig gefärbten Adern auf den Hängeblättern oder das Zusammenspiel der inneren Blütenblätter mit den sie umgebenden Domblättern. Während die Irisblüten aus der Distanz vor allem prächtig wirken, löst sich diese Pracht bei genauem Hinsehen in ein Zusammenspiel von differenzierten Farb- und Formnuancen auf. In diesem Punkt ist es nachvollziehbar, dass viele Sammler und Züchter den Iris leidenschaftlich verfallen sind.

Unsere Vorliebe für blau blühende Schwertlilien prägt für kurze Zeit den gesamten Garten. ›Tyrolean Blue‹ ist der Name dieser hübschen hohen Bartiris.

trächtigen. Die hohen, langstieligen Sorten geraten bei Regen und Wind leicht aus dem Gleichgewicht und knicken um. So ist es bei den meisten *Iris barbata* notwendig, sie rechtzeitig mit dünnen Bambusstäben zu stützen. Sind sie erst einmal umgefallen, ist die Blüte meist dahin oder die Stiele brechen beim Versuch sie aufzurichten an der Basis ab. Da jeder Stiel mehrere nacheinander aufblühende Knospen trägt, sollten die verblühten Teile rechtzeitig entfernt werden, um das Gesamtbild nicht zu beeinträchtigen.

Zu den weiteren Pflegemaßnahmen gehört, dass die Pflanzen bei uns Ende Januar mit einer Mischung aus Knochen- und Blutmehl zu gleichen Teilen gedüngt werden. Wir haben beobachtet, dass Iris auf nährstoffreichen Böden auch ohne diese Düngergabe üppig und gleichmäßig blühen. Doch auf unserem leichten Boden fällt die Blüte sofort sparsamer aus, wenn diese Düngung wegfällt.

Außerdem müssen alle drei bis vier Jahre die Rhizome aufgenommen und neu gepflanzt werden. Spätestens wenn die Pflanzen in der Mitte sichtbar verkahlen, wird diese Maßnahme notwendig. Auch hier haben wir festgestellt, dass dies auf unseren nährstoffarmen Böden schneller geschieht als zum Beispiel auf Böden mit höherem Lehmanteil. Dort wachsen die Rhizome gedrungener und dicker, bei uns werden sie dagegen länger und damit in der Mitte kahler. Beim Umpflanzen schneidet man die verkahlten Teile der Rhizome ab und pflanzt nur die Endstücke mit den Trieben wieder ein. Vorher sollte die Erde mit einer Mischung aus altem Kompost und Lehmerde aufgebessert werden. Die ausgesonderten Rhizomteile werden nicht weggeworfen, sondern im Anzuchtbereich ausgelegt und dünn mit Erde bedeckt. Und da fast alle Rhizomabschnitte nach einigen Wochen austreiben, kann entweder der Pflanzenbestand erweitert oder Gartenfreunden ein Präsent gemacht werden. Die ideale Zeit für diese Arbeiten sind die Monate Juli und August.

Arbeiten zum Vergnügen

Die vielen Anforderungen, die die hohen, großblumigen Bartiris an den Gärtner stellen, schrecken auf den ersten Blick vielleicht ab. Doch der Eindruck täuscht. Das Stäben und Ausbrechen von Verblühtem ist zum Beispiel ein Grund, sich während der Blütezeit regelmäßig in den Irisrabatten aufzuhalten. Auf diese Weise erleben wir den Duft, die Formen und Farben der Iris noch intensiver, als wenn wir lediglich an ihnen vorbeilaufen würden. Außerdem stehen die Irisbeete nur für einige Wochen im Jahr in voller Blüte. Da wäre es doch schade, diese imposante Blütenpracht nur als Beobachter am Rande mitzuerleben.

Die kleinblütigen Wieseniris, Iris sibirica, *blühen überreich im Wiesengarten und vertragen die unmittelbare Nachbarschaft anderer Stauden.*

In den letzten Jahren ist verstärkt zu beobachten, dass sich zwischen den Rhizomen wieder und wieder verschiedene Moosarten bilden. Dieses Phänomen trat nicht nur in unserem, sondern auch in anderen Gärten auf. Dabei entwickelt sich das Lebermoos besonders stark, obwohl wir die Ausbreitung mit Kalkgaben zu stoppen versuchen. Aber selbst das hilft nicht immer. Oft bleibt uns schließlich nichts anderes übrig, als das Moos von Hand zu entfernen, da es das Wachstum der Iris erheblich beeinträchtigt. Wir führen diese Entwicklung auf den »sauren Regen« zurück.

Mittelhohe Bartiris und Zwergiris dehnen die Blütezeit aus

Die schönen, wenn auch pflegeintensiven Irisbeete haben leider nur eine kurze Blütezeit von maximal drei Wochen. Das hat dazu geführt, dass wir uns auch mit anderen Irisarten beschäftigt haben. Als nächste Verwandte haben wir uns für die mittelhohen Bartiris der Media-Gruppe und die Zwergiris *(Iris verna,* früher *I. nana)* entschieden. Die Zwergiris blühen oft schon ab dem 20. April. Da die Pflanzen kleinere Blüten und Blätter aufweisen als die anderen Gruppen, benötigen sie auch andere Standorte. Deshalb haben wir sie zwischen einer Reihe von Buchskugeln längs eines Weges platziert. Fünf verschiedene Blautöne sind dort zusammengepflanzt, die Anfang Mai regelmäßig und sehr üppig blühen. An sie schließen sich die mittelhohen Iris an, die längs einer Stützmauer aus alten Backsteinen stehen. Beide Arten sind unserer Erfahrung nach wesentlich anspruchsloser als die hohen Bartiris und können über Jahre hinweg an einem Standort bleiben.

Eine weitere Zwergiris in unserem Garten ist die frühe, nur 5 cm hoch werdende Kleine Netzblattiris *(Iris reticulata)*, die über Zwiebeln vermehrt wird. Auf den beiden bereits erwähnten Hochbeeten verteilen sich einige hundert dieser Zwerge in drei Blautönen. An diesen geschützten, sonnigen Stellen blühen sie in der Regel schon in der zweiten Februarhälfte. Durch Zufall haben wir entdeckt, dass die Krokussorte ›Prins Claus‹ sich zur gleichen Zeit öffnet und farblich hervorragend zu diesen Iris passt.

Auf dem »Gelben Hügel« haben wir die frühen *Iris danfordiae* getestet, die ebenfalls Ende Februar bis Anfang März in leuchtend gelben Farben blühen, was ihnen den Namen »Gelbe Vorfrühlingsiris« verliehen hat. Leider zerrupfen die Amseln immer wieder die zarten Blüten, sodass wir entweder ein Netz über den Pflanzen ausbreiten oder unsere Katzen animieren müssen, sich verstärkt dort aufzuhalten. Inzwischen mussten wir einsehen, dass es auch noch unterirdische Liebhaber der Iriszwiebeln gibt. Das hat uns zur Kapitulation gezwungen, seither pflanzen wir diese Art nicht mehr.

rechts: Diese drei Sorten mittelhoher Bartiris aus der Media-Gruppe sind farblich aufeinander abgestimmt. Die Judaspfennige im Hintergrund werden entfernt, sobald sie verblüht sind.

Die Blühzeit der Wieseniris *(Iris sibirica)* dagegen überschneidet sich mit den Bartiris. Im Gegensatz zu den anspruchsvolleren Bartiris kann diese aber an andere Standorte gepflanzt werden und ist deutlich pflegeleichter. Die Stauden bilden kräftige Horste aus schmalen, grasartigen Blättern, die Blüten sind überwiegend blau mit Abstufungen von mittelblau bis dunkelviolett. In unserem Garten findet man sie im Bereich des Wiesengartens, weil sie sich zwischen den Narzissen behaupten können. In der Regel bilden sie zahlreiche Blütenstiele bis zu 1 m Höhe und wirken so besonders gut mit dem graugrünen Narzissenlaub. Mit einem Hauch von Wildcharakter tragen sie dazu bei, diesen Teil unserer Gartenanlage wie eine Wildwiese

Ein gutes Team – Wieseniris und Narzissen

Die pflegeleichte und robuste *Iris sibirica* ist eine ideale Ergänzung zu Narzissen. Ihre aparten Blüten auf den bis zu 1 m hohen Blütenstielen ragen aus dem Narzissenlaub heraus und verlängern die Blütezeit der Wildwiese mit den schönsten Blautönen. Während andere Stauden sich gegen die dominanten Osterglocken kaum durchsetzen können, behaupten sich Wieseniris sehr gut gegen diese Konkurrenz. Wenn da nur nicht die Wühlmäuse wären, die die Wurzelstöcke der Schwertlilien zum Fressen gern haben ...

Im Gemüsegarten schließen sich langsam die Reihen. Dieser Gartenteil strahlt jetzt Ruhe und Ordnung aus, während ringsherum blühende Bäume, Sträucher und die letzten Tulpen für ein anregendes Farbenspiel sorgen.

wirken zu lassen. Wenn nur nicht die Freude an ihnen auch wieder mit einem Leid verbunden wäre, denn die Wühlmäuse lieben die dichten Wurzelhorste über alles. Wenn sich im Laufe von zwei, drei Jahren ein kräftiger Horst gebildet hat, können wir schon fast sicher sein, dass eine ganze Sippe dieser Nager die Winterzeit darunter verbringt und überwiegende Teile des Wurzelstockes wegfrisst, sodass ganze Hohlräume entstehen. Wenn auch die Pflanze noch nicht ganz verloren ist, fällt doch die Blüte in diesem Jahr aus. Es gilt, einen anderen Standort für sie zu suchen.

Im Gemüsegarten warten Spargel und Spinat

Wenn die ersten *Iris barbata* aufblühen, geht der Spätfrühling in den Frühsommer über. Es ist eine Zeit, in der wir Gartenbesitzer eine gewisse Ruhepause haben. Die Frühjahrsarbeiten im Gemüsegarten sind abgeschlossen und mit den Eisheiligen ist auch die Gefahr von Spätfrösten weitgehend gebannt. Die Bohnen sind gelegt, Zucchini und Kürbis ausgepflanzt. Die kleinen Selleriepflanzen wachsen schon und eine Reihe von Tomaten steht am oberen Ende des Gemüsegartens vor einer wärmenden Stützmauer aus Backstein. Das Unkrautjäten im Gemüsegarten fällt noch leicht, weil die Reihen noch nicht dicht geschlossen sind. An einem sonnigen Nachmittag sind die Beete schnell »geschuffelt« und die Maisonne lässt die frisch gekeimten Unkräuter schnell vertrocknen. Wir ernten in dieser Zeit unseren Spargel und genießen ihn in der grünen und weißen Variante. Der Ertrag unserer Beete ist nicht sehr groß, reicht aber für zwei bis drei Mahlzeiten pro Woche. Der Geschmack des eigenen, nur schwach gedüngten Spargels ist unübertroffen.

Das Anlegen der Spargelbeete vor mehr als einem Jahrzehnt war reine Schwerstarbeit, denn es mussten etwa 80 cm tiefe und 50 cm breite Gräben ausgehoben werden, die dann mit einer Mischung aus Kompost, altem Kuhmist und Lehmerde aufgefüllt wurden. Doch die Mühe hat sich gelohnt!

Außer Spargel gibt es schon seit vier Wochen frischen Salat aus dem Frühbeet, das an der Südseite des Gartens liegt. Und jetzt, zur Zeit der Irisblüte in der zweiten Maihälfte, werden die beiden Spinatbeete erntereif. Der frische Spinat wird auf ganz unterschiedliche Weise zubereitet, z. B. als vegetarisches Hauptgericht mit Käse überbacken, als pürierte Spinatsuppe, in die zuletzt etwas Trüffelöl eingerührt wird, oder – ganz luxuriös – verfeinert mit einem Döschen echter Trüffel vom letzten Frankreichaufenthalt.

Den überwiegenden Teil der Spinaternte aber verarbeiten wir zu Tiefkühlkost. Nachdem das Gemüse in großen Wannen gewaschen wird, wird es kurz blanchiert, als Blattspinat in Portionsbeutel verpackt und eingefroren. So verfügen wir in der Regel über einen ganzen Jahresvorrat. Auf die abgeernteten Beete werden Salat und Gurken gepflanzt.

Gehölze und Stauden umrahmen die Iriszeit

Während der Zeit von Mitte Mai bis Mitte Juni beeindruckt der gesamte Garten mit einer unglaublichen Intensität. Das Grün der Hecken, Bäume und Sträucher ist noch frisch und bildet ein Gegenstück zu den farbenfrohen Blüten dieser Periode. Am kleinen Giebel des Hauses entrollt eine weiße Wisterie (*Wisteria floribunda* ›Alba‹) ihre bis zu 60 cm langen Blütentrauben. Zum Zeitpunkt, als wir diesen Kletterkünstler gepflanzt haben, war er uns nur von Fotografien aus Gartenbüchern bekannt. In den ersten zwei Jahren entwickelte sich die Pflanze bei guter Düngung prächtig, sodass wir auf eine baldige Blüte hofften. Als aber im vierten Jahr immer noch keine Knospe zu sehen war und wir mit den gewaltigen Trieben zu kämpfen hatten, wuchs unser gärtnerischer Unmut. Normalerweise halten wir nichts vom »drastischen Dialog« mit

Ein einladender Sitzplatz unter der weißen Wisterie im Innenhof. Ihr Duft füllt während der Blütezeit den gesamten Raum.

links: Die Akelei zählen in ihrer immer wieder überraschenden Verschiedenartigkeit zu den willkommenen »Zufälligkeiten« in unserem Garten. Jedes Jahr ernten wir den Samen und verstreuen ihn an den Stellen, an denen sie sich, in Gruppen konzentriert, besonders gut präsentieren können.

unseren Pflanzen, aber in diesem Fall griffen wir zu Axt und Säge und drohten der Glyzine ein baldiges Ende an. Als sich wenige Wochen darauf die ersten verspäteten Knospen zeigten, die dann in strahlendem Weiß aufblühten, waren wir seltsam berührt. Im darauf folgenden Jahr beglückte die Wisterie uns mit einer überreichen Blüte und hat uns seither nicht mehr enttäuscht. Es sind ganz besondere Tage im Jahr, wenn ihr Duft den gesamten Innenhof erfüllt und die langen Blütentrauben bis auf den Terrassentisch und über unsere weiße Gartenbank herabhängen. Die Voraussetzung dafür schaffen wir im Februar durch einen radikalen Rückschnitt des üppigen Rankgewirrs, bei dem die vorjährigen Triebe bis auf das zweite Auge zurückgenommen werden. Eine regelmäßige Düngung im März trägt sicherlich auch zur Blütenfülle bei.

Zu den Gehölzen, die uns ebenfalls auf eine längere Geduldsprobe gestellt haben, gehört auch der Taubenbaum *(Davidia involucrata)*. Als wir ihn 1990 pflanzten, war uns klar, dass wir viele Jahre warten müssten, bis er seine einzigartigen weißen Blüten entfalten würde. Doch während der Wartezeit erfreuten wir uns an seinem Zuwachs. Jedes Jahr im Vorfrühling kontrollierten wir mit verstohlenen Blicken die Stärke der Blattknospen, in der Hoffnung, erste Anzeichen für eine Blütenbildung zu erkennen, doch erst im zwölften Jahr hatten wir Grund zum Staunen. Mitte Mai zeigten sich endlich die milchweißen Hochblätter, zwischen denen die dunkle, kugelförmige, unscheinbare Blüte mit den Staubgefäßen sitzt. Es war ein faszinierender Anblick, diese großen weißen Blätter, die dem Baum den volkstümlichen Namen »Taubenbaum« verliehen haben, über die ganze Krone verteilt zu sehen. Auf dem Wall des »Weißen Gartens« hat die *Davidia* zwar keine große Leuchtkraft oder Fernwirkung, aber aus der Nähe betrachtet setzt sie einen derart exotischen Akzent, dass sich keiner diesem Zauber entziehen kann. Dieses Gehölz schließt die Reihe der blühenden Bäume in unserem Garten so gut wie ab. Im Hochsommer trägt nur noch ein Trompetenbaum *(Catalpa bignonioides)* an der Sissinghurst-Bank seine weißen Blütendolden.

Jetzt hebt sich der weißblättrige Pagoden-Hartriegel (*Cornus controversa* ›Variegata‹) aus dem weitgehend gleichmäßigen Grün der Baumkronen und hohen Sträucher hervor. Seine weit ausladenden, fast schwingenden Äste bringen Abwechslung in das sommerliche Grün der »Baumetage« unseres Gartens. Bei der Pflanzung vor mehr als zehn Jahren haben wir jedoch einen Fehler begangen, indem der Pagoden-Hart-

Der Pagoden-Hartriegel Cornus controversa *›Variegata‹ fällt durch seine besondere Wuchsform auf. Wenn alle Bäume und Sträucher verblüht sind, heben sich seine weiß gerandeten Blätter besonders hervor.*

riegel mit 3 m Abstand zu nah an einer Felsenbirne *(Amelanchier)* steht. Deshalb müssen wir diese jetzt regelmäßig schneiden, damit die Zweige des Hartriegels sich voll ausstrecken können. Seine kleinen Blüten, die in flachen Schirmrispen sitzen, sind relativ unscheinbar und nur aus der Nähe richtig zu sehen. Die Schönheit des Baumes besteht aus seiner ansprechenden Wuchsform in Verbindung mit dem weißgrünen Laub, das ihn bis zur Herbstfärbung von den anderen Gehölzen abhebt.

Zur Zeit der Irisblüte hat auch die Akelei *(Aquilegia)* ihren Blühhöhepunkt erreicht. Diese alte Gartenpflanze gehört unentbehrlich in die »Blaue Periode« unseres Gartens. Schon während der Tulpenzeit sind erste Blüten geöffnet, in der zweiten Maihälfte finden wir die charmanten Stauden dann in allen Gartenräumen. Am Rande des Wiesengartens haben sie eine wichtige Funktion: Während Flockenblumen *(Centaurea montana)*, Jakobsleiter *(Polemonium)*, Wieseniris *(Iris sibirica)*, Präriekerzen *(Camassia cusickii)* und Wiesenrauten *(Thalictrum)* das blaugrüne Narzissenlaub überragen, tanzen im Randbereich die Blütenköpfe der Akelei auf ihren hohen Stielen wie blaue Notenzeichen über dem blaugrünen Grundton der Bepflanzung. Dass die Akelei die Rolle einer »Randfigur« spielt, nimmt sie nicht übel. Im Gegenteil, in der dicht gedrängten Mitte einer Rabatte würden sich die Pflanzen gar nicht wohl fühlen. Sie säen sich reichlich aus, doch leider meist dort, wo wir sie nicht haben wollen, z. B. auf den mulchbedeckten Wegen und – seltsamerweise – unter den Buchsbaumhecken. Umpflanzen quittieren sie häufig mit kümmerlichen Blüten, vor allem wenn es zu spät geschieht.

rechts: Eine Reihe des Riesen-Zierlauchs, Allium giganteum, *steht längs der großen Einfahrt im »Cottagebeet«. Seine dicken Blütenkugeln überragen alle anderen Stauden und passen gut in die »blaue Phase« unseres Gartens.*

Kübelpflanzen rücken ins Blickfeld

Ab der zweiten Maihälfte beginnt die Zeit der Kübelpflanzen. In unserer Region sind Nachtfröste nach dem 15. Mai äußerst selten und wenn, dann lediglich als Bodenfröste, die bei den Kübelpflanzen keinen Schaden mehr anrichten können. Unser Sortiment an Kübelpflanzen ist relativ groß und reicht von mehrjährigen Fuchsien *(Fuchsia)* über Schönmalven *(Abutilon)*, Bleiwurz *(Plumbago)*, Stechapfel *(Brugmansia)*, Nachtschatten *(Solanum)*, natürlich Pelargonien *(Pelargonium zonale)* nebst Duftsorten bis zu verschiedenen Funkien *(Hosta)*.

Gerade die *Hosta* haben sich bei uns als Kübelpflanzen ausgesprochen gut bewährt. Sie lassen sich problemlos überwintern, da sie keinen frostfreien Raum benötigen. Wir müssen lediglich darauf achten, dass die Keramikgefäße frostfest sind. Schon der Austrieb und die kaum entrollten Blätter sehen ausgesprochen reizvoll aus.

unten: Der Taubenbaum fordert die Geduld des Gärtners, denn erst nach zehn bis fünfzehn Jahren zeigen sich die ersten Blüten. Doch die Ausdauer wird belohnt, wenn der Baum übervoll mit milchweißen Hochblättern behängt ist.

Die Zierlauchreihe endet vor einer großen Kolkwitzie. Dieser Strauch gehört zu den zuverlässigen Blühern unseres Gartens und passt farblich besonders gut zu dem großen Zierlauch.

Jedes Jahr gerät die Anzahl der Kübel erneut außer Kontrolle, obwohl wie immer im Sommer der Zeitpunkt kommt, an dem das Gießen und Düngen zur Belastung wird. Dann zählen wir die Töpfe und Tröge durch und setzen uns bei 70 die Höchstgrenze. Doch jedes Jahr läuft in der zweiten Maihälfte die gleiche verhängnisvolle Entwicklung ab, wenn wir unabhängig voneinander beim Besuch in Gärtnereien Besonderheiten wie etwa eine ganz seltene Fuchsie entdecken ...

So wird eben noch ein Topf dazugesellt, bis im Hochsommer die Zählung aufs Neue beginnt und wir dann bis zu 90 Gefäße zu versorgen haben! Denn während wir bei Stauden, Sträuchern und Bäumen maßvoll sein müssen, weil das Gelände keinen freien Raum mehr bietet, findet sich für Kübelpflanzen immer noch das ein oder andere Eckchen. Die guten Vorsätze, das Kübelpflanzen-Sortiment zu beschränken, geraten jedoch in der Euphorie des nächsten Frühjahres rasch in Vergessenheit.

Das bunte »Cottagebeet« lädt zur Iriszeit ein

Zwischen dem Haus und der Einfahrt liegt eine große Fläche, die wir in ein »Cottagebeet« verwandelt haben. Für diese englische Bezeichnung haben wir uns deshalb entschieden, weil wir dort ein unspektakuläres buntes Staudenbeet anlegen wollten. Die Pflanzpläne und Sorten aus der englischen Gartenliteratur konnten wir allerdings im niederrheinischen Klima nicht übernehmen, sondern mussten selbst herausfinden, welche Pflanzen sich für unseren Standort eignen. Das hat auch eine fortwährende Veränderung der Bepflanzung zur Folge, weil die vorhandenen Gehölze aufgrund ihres Wachstums die Lichtverhältnisse ständig verändern. So wächst ein Nussbaum zu unserer Freude sehr kräftig, denn er soll den bäuerlichen Ursprung des Geländes betonen, doch seine weit ausladenden Äste und sein gerbsäurehaltiges Laub sind für die Unterpflanzung mit den Jahren zu einem Problem geworden.

In der zweiten Maihälfte bildet Riesen-Zierlauch *(Allium giganteum)* einen Blickfang im »Cottagebeet«. Die Pflanzen stehen in Gruppen von fünf bis sieben Exemplaren entlang der Einfahrt, insgesamt sind es etwa 200 Stück. Im Vordergrund ist eine Kante aus Frauenmantel gepflanzt und hinter ihnen schießen Rit-

Funkien als dekorative Kübelpflanzen

Diese Blattstauden sind fast das ganze Jahr über, auch außerhalb der Blütezeit, eine Zierde. Die Schönheit der voll entwickelten Blätter wird durch den erhöhten Stand in Töpfen besonders hervorgehoben. Funkien bieten aber nicht erst dann einen herrlichen Anblick – schon wenn sie austreiben und die Blätter noch zusammengerollt sind, sind sie schön anzusehen. In ein Gefäß gepflanzt lassen sie sich immer dort platzieren, wo sie andere Kübelpflanzen prachtvoll ergänzen oder, wie bei uns, den großen alten Wassertrog aus rotem Sandstein einrahmen. Die von vielen Gartenbesitzern beklagten Schäden durch Schneckenfraß sind bei uns kein Problem. Es scheint, dass in Töpfe oder Kübel gepflanzte *Hosta* weniger gefährdet sind.

tersporne in die Höhe. Die *Allium*-Reihe endet vor einer mächtigen Kolkwitzie (*Kolkwitzia amabilis*), die zum gleichen Zeitpunkt blüht. Die Farben des Lauchs und der Kolkwitzie ergänzen sich hervorragend und die meist noch im Entwicklungsstadium befindlichen Frauenmantel unterlegen das Bild mit einem grüngelben Teppich und schaffen gleichzeitig eine Abgrenzung zum Kies der Einfahrt.

Unsere Besucher werden so auf das Blütenmeer, das sie in unserem Garten erwartet, eingestimmt. Auf der linken Seite im Gemüsegarten behaupten sich zu dieser Zeit die Iris in ihrer Farben- und Formenfülle. Sie passen wie kostbare Juwelen zu einer festlichen Abendrobe und ihr Wert wird durch den zauberhaften Duft noch unterstrichen.

An diesen schönen Abenden von Ende Mai bis Anfang Juni schwebt auch immer etwas Wehmut mit, weil wir wissen, dass diese großartige Schönheit nur von kurzer Dauer sein wird und diese Periode nicht festzuhalten ist. Auf der anderen Seite wäre der Zauber des Augenblicks verloren, könnte er dauerhaft gemacht werden. Wir vergleichen diese besondere Stimmung mit einem großartigen Musikerlebnis, das auch mit dem Verklingen der letzten Note nicht zu Ende ist.

Verschwenderische Blütenfülle

Die Zeit der romantischen Rosenblüten, barocken Pfingstrosen, blauen Rittersporne, edlen Sträucher und dekorativen Gemüse

Unser Verhältnis zu Rosen ist, zugegebenermaßen, eine etwas einseitige Liebe.

Die stürmischen Bemühungen unsererseits werden zwar von den Pflanzen erhört, aber nur zurückhaltend erwidert.

Dabei entdeckten wir diese Gattung schon in den Anfängen unserer Gartenanlage. Bis zur Mitte der achtziger Jahre kannten wir lediglich Polyantha- und Edelrosen. Beide Gruppen haben uns nie sonderlich begeistert, weil sie uns zu geziert und steif erschienen. Meist sah man sie entlang von Grundstückseinfahrten oder in schmalen Beeten aufgereiht, wo sie einen eher spröden Charme versprühten. Selbst in öffentlichen Parks oder Gartenanlagen begegneten uns meist solche Rosenbeete, die mehr die mühsamen Pflegearbeiten dokumentierten als Freude an den Rosen ausstrahlten. Diese Rosenbeete zeugten von einer Ordnung, die so leblos wirkt wie ein aufgeräumtes Kinderzimmer.

Wie groß war unsere Überraschung, als wir zum ersten Mal im Garten unserer Lehrmeisterin Elisabeth Renner große Rosenbüsche sahen, die wir so bisher nicht kannten – übervoll mit Blüten und Knospen bestückt und einen zauberhaften Duft verströmend. Die völlig unterschiedlichen Blütenformen begeisterten uns. Zum einen waren da große, schwere, schwelgerische Blüten, deren schwache Stiele sie kaum tragen konnten, weshalb sie sich auf dem Blattwerk des großen Strauches abstützten. Das Gegenstück bildeten kleine, kugelige Blüten, die wie ein Perlenschmuck die Pflanze überzogen. Die Sortennamen dieser Alten Rosen, wie ›Baron de Wassenaer‹ (Moosrose), ›Double White‹ (Bibernell-Rose) oder ›Comte de Chambord‹ (Portland-Rose), klangen in unseren Ohren märchenhaft.

Der Rosengarten von Elisabeth Renner hatte einen völlig anderen Charakter als alles andere, was wir bis dahin in dieser Richtung gesehen hatten. Die üppigen Rosensträucher bedrängten sich und versuchten, sich

links: Die Strauchrose ›Fritz Nobis‹ beeindruckt durch ihre verschwenderische Blütenfülle. Leider blüht sie nur einmal im Jahr.

rechts: Die alte Remontant-Rose ›Baron Girod de l'Ain‹ ist eine aparte Schönheit mit roter Blüte und einem schmalen weißen Rand. Dafür ist die Blütenpracht sparsamer.

Rosenfülle zur Zeit der Lavendelblüte: Im Vordergrund ein großer Strauch der Sorte ›Park Wilhelmshöhe‹. Die Lavendelkante wird ergänzt durch die niedrige Flächenrose ›Palmengarten Frankfurt‹.

gegenseitig in Farbe, Form und Duft zu überbieten. Begleitstauden wie Akelei und Gräser verstärkten den Eindruck von Lebensfreude und Üppigkeit noch.

Rosenromantik aus England

Natürlich wollten wir solch eine Rosenpracht auch für unseren Garten. In unserer Begeisterung bestürmten wir unsere Lehrmeisterin mit diesem Wunsch, doch damals war das Angebot an historischen Rosen noch sehr beschränkt. Außerdem fehlte uns mangels Rosenkenntnissen der Überblick an Bezugsquellen.

Daher kamen unsere ersten Rosen, etwa zehn verschiedene Exemplare, auf direktem Weg aus England. Sie waren allerdings nicht für ein Rosenbeet gedacht, sondern sollten unsere Staudenpflanzung ergänzen. Zu diesen ersten Alten Rosen gehörten die weiß blühenden ›Blanc Double de Coubert‹ und ›Yvonne Rabier‹ sowie die bereits erwähnte ›Comte de Chambord‹ in sattem Rosa. Aus der Kategorie der Englischen Rosen kamen die aprikotfarbene ›Charles Austin‹ und die gelbe ›Yellow Button‹ dazu.

Zu unserer Enttäuschung wuchs aber nicht jede Rose an – etwa ein Drittel kümmerte im ersten Jahr, um sich nach dem Winter am Niederrhein endgültig zu verabschieden. Da die Rosen dieser ersten Lieferung zudem noch relativ teuer waren, schmerzte uns der Verlust schon. Dafür erhielten wir aus dem Haus unserer Mentorin jedes Jahr zu Weihnachten einen Rosenkalender für das neue Jahr. Die herrlichen Fotos aus ihrem Garten weckten unsere Wünsche und Begehr-

rechts: Die frühe gelbe Bibernell-Rose ›Double Yellow‹ auf dem »Gelben Hügel«, wo sie in manchen Jahren gleichzeitig mit gelben Iris blüht.

lichkeiten aufs Neue, sodass wir im nächsten Frühjahr erneut eine Rosenbestellung aufgaben. Inzwischen hatte auch eine Rosenbaumschule aus Norddeutschland den Trend der romantischen Rosen aus England aufgegriffen. Leider hielt der phantastische Katalog nicht das, was er versprach, denn es zeigte sich, dass viele der angegebenen Sorten nicht lieferbar waren. In der Zwischenzeit hatten wir jedoch weitere Bezugsquellen in den Niederlanden und in Deutschland ausfindig machen können, von denen wir in den folgenden Jahren Exemplare bezogen, die bereits an das kontinentale Klima gewöhnt waren. Entsprechend geringer waren die Ausfälle.

Mittlerweile haben wir die anfängliche Fixierung auf historische und Englische Rosen aufgegeben. Die Erfahrung zeigte uns, dass einige dieser Sorten in unseren Breiten doch sehr krankheitsanfällig sind. Als Beispiel sei die Sorte ›Variegata di Bologna‹ genannt, die mit ihren weißen, auffällig purpurrot gezeichneten Blüten eine Besonderheit darstellt. Und obwohl in unserem Garten der Echte Mehltau so gut wie gar nicht vorkommt, war diese Rose mit dem Pilz übersät. Da wir große Sorge hatten, dass der Befall auf die anderen Rosen übergreift, mussten wir uns leider von ihr trennen.

Rosen brauchen eine gute Grundlage

Zu unserem Leidwesen sind die spezifischen Bodenverhältnisse unseres Gartens für viele Rosen nicht optimal. Die mageren, kalkarmen und stellenweise sandigen Böden sind nicht gerade die ideale Grundlage für die meisten Rosen. Unsere Bemühungen, den rund 110 verschiedenen Rosensorten eine jährliche Blüte zu entlocken, sind darum erheblich und werden ganz unterschiedlich beantwortet. In erster Linie fördern Düngergaben in unterschiedlicher Form die Blüte. Dazu gehört eine Grunddüngung mit Dolomitkalk pro Jahr. Die Hauptdüngung wechselt dagegen jährlich von Hornspäne über Volldünger zu altem Kuhmist und abgelagertem Kompost. Letzteren tragen wir übrigens als Winterschutz auf. Die Rosen erwidern all diese Bemühungen durchaus mit einem ausgeprägten

Alt und modern nebeneinander

Im Laufe unserer Experimentierzeit haben wir entdeckt, dass sich auch neuere Rosenzüchtungen hervorragend in die Kollektion Alter Rosen einfügen. So haben wir ausgesprochenen Erfolg mit der Strauchrose ›Park Wilhelmshöhe‹, die uns regelmäßig mit einem gesunden Blattwerk, einer Überfülle von großen rosa Blüten und mit einem herrlichen Duft erfreut. An unser Klima gewöhnt und weniger krankheitsanfällig als viele der Alten Rosen, hat sich die *Rosa-Gallica*-Züchtung jedoch den Charme einer historischen Rose bewahrt.

Die Strauchrose ›Marguerite Hilling‹ steht am Rand des Wiesengartens und bringt jedes Jahr zuverlässig eine Fülle schlichter Schalenblüten hervor.

Blühwillen, reagieren aber sofort, wenn wir aus Zeitgründen die eine oder andere Maßnahme einmal vernachlässigen. Besonders frustrierend ist es für uns, wenn ausgerechnet eine Rose, die wir mit größter Sorgfalt ausgesucht haben, nach zwei oder drei Jahren Wachstum einfach eingeht.

Leider müssen wir diese Erfahrung immer wieder machen. Dann heißt es, die Erde an dieser Stelle etwa 80 cm tief auszutauschen, um dort eine andere Rose, die auf unserer Wunschliste steht, zu pflanzen. Ob dieser Neuzugang dann den erhofften Erfolg bringt, zeigt sich aber erst nach zwei bis drei Jahren.

Die Rosenblüte hat es immer eiliger

Die Veränderung des regionalen Klimas wird von keiner Pflanze so deutlich angezeigt wie von der Rose. So hat sich die Blütezeit in den letzten 15 Jahren bis zu drei Wochen vorverlagert. Doch mit der immer früheren Blüte geht ein verstärktes Auftreten von Krankheiten und Schädlingen einher. Insbesondere der Sternrußtau hat stark zugenommen. Da wir den Einsatz chemischer Mittel unbedingt vermeiden wollen, müssen wir frühzeitig alle befallenen Blätter absammeln und im Mülleimer entsorgen. Auf diese Weise haben wir den Befall bisher in Grenzen halten können, zumal die verschiedenen Rosensorten in unterschiedlichem Ausmaß befallen werden. Der Verzicht auf jegliches Gift hat immerhin dazu geführt, dass Blattläuse keinen nennenswerten Schaden anrichten, da sich eine Vielfalt von Nützlingen eingebürgert hat, die diesen saugenden Insekten Einhalt gebieten. Wenn Ende Mai bis Anfang Juni eine Reihe feuchter, kühler Tage zu einer Vermehrung der Blattläuse führt, die uns besorgt die Stirn runzeln lässt, können wir inzwischen doch sehr sicher sein, dass mit dem Schlüpfen der Meisen dieses Problem innerhalb der nächsten zwei bis drei Tage gelöst ist. Offensichtlich bevorzugen die Meiseneltern Blattläuse als Kindernahrung. Selbst die Schildläuse an unserer einzigen Kamelie auf der südlichen Terrasse sowie an unserem Lorbeerbaum im Kübel werden von den Schwanzmeisen in kunstvollen Übungen abgeerntet. Es macht uns Spaß, sie dabei zu beobachten, wenn sie kopfüber durch das Blattwerk turnen, die Unterseite der Blätter kontrollieren und nach Schildläusen absuchen. Der Gedanke, dass der Einsatz von giftigen Pflanzenschutzmitteln zu stillen Tragödien in den Nestern dieser fröhlichen Kobolde führt, wenn die Meiseneltern erleben müssen, wie ihre Brut an vergifteter Nahrung stirbt, ist uns unerträglich.

Der Einsatz von Chemie bedeutet, dass neben den Schädlingen auch nützliche Insekten wie Marienkäfer oder Schlupfwespen, die sich von Blattläusen ernähren, bekämpft würden. Auf der anderen Seite könnten aber noch genug Blattläuse überleben, um uns im nächsten Jahr zu weiteren Gifteinsätzen herauszufordern. Rund 25 Jahre lang ist auf unserem Grundstück kein Insektizid oder Herbizid eingesetzt worden (eine Ausnahme bildet unsere mit alten Ziegelsteinen belegte Terrasse). Das Ergebnis ist aus unserer Sicht ein intaktes System, dass zumindest unsere Rosen, wie auch unser Gemüse, von Blattläusen freihält.

Der Rosenreigen beginnt

In all unseren Bemühungen und Sorgen spiegelt sich die Wertschätzung, die wir unseren Rosen entgegenbringen, wider. Wenn sich die erste Rose öffnet und ihren zarten Duft verströmt, beginnt eine besondere Zeit in unserem Garten.

Ein großes Exemplar der Strauchrose ›Marguerite Hilling‹ steht am Rand der Narzissenwiese und gehört zu den ersten Rosen, die bei uns erblühen. Sie hat drei Farbnuancen zu bieten: Die frühmorgens aufgeblühten Knospen zeigen ein kräftiges Bonbonrosa, die Blüten des vorhergehenden Tages dagegen ein Altrosa, das im Verblühen in ein verwaschenes, ausgeblichenes Rosa übergeht. Diese Kombination der Farbtöne ver-

Einen Rosenstrauss zum Geburtstag

Da wir Ende Mai einen Geburtstag feiern, können wir am Blumenschmuck dieses Tages die Veränderung des Blühtermins konkret festhalten. In den ersten Gartenjahren musste noch nach einer blühenden Rose gesucht werden, die dann eine entsprechend große Beachtung fand. Später konnten wir einen kleinen Strauß auf den Kaffeetisch stellen. In den letzten drei Jahren war Ende Mai schon eine so üppige Rosendekoration möglich, dass von jedem Farbton (rotrosa, weiß und aprikotgelb) eine Vase gefüllt werden konnte, ohne dass die Schnittmaßnahmen im Garten besonders aufgefallen wären.

In den letzten Jahren öffnen die Rosen ihre Knospen immer früher. Während am kleinen Giebel die weiße Wisterie noch in voller Blüte steht, zeigen sich bereits blühende Rosen.

leiht dem Strauch einen besonderen Reiz und korrespondiert farblich mit den letzten lilarosa Rhododendronblüten im Hintergrund. Noch blühen Iris, doch die Anzahl der Blüten nimmt mit jedem Tag ab und immer mehr Rosenknospen öffnen sich.

Dabei haben wir besonders auf die Kombinationen geachtet, bei denen die Rosen durch ihre Begleiter in der Wirkung verstärkt werden. Hinter der weißen Rose ›Blanc Double de Coubert‹ steht eine Weidenblättrige Birne *(Pyrus salicifolia)*, deren silbernes Laub den Glanz der Rosenblüten noch steigert. Im Vordergrund ist ein Rosenstrauch der Sorte ›Double White‹ platziert, dessen rundliche Gestalt mit kugeligen, an große Perlen erinnernden Blüten übersät ist. Die Spannung zwischen den verschiedenen Wuchs- und Blütenformen, ergänzt durch die Texturen der unterschiedlichen Blätter, ergibt einen besonderen Reiz in dieser Ecke des »Weißen Gartens«. Dabei zeigt sich, dass diese beiden Rosen hervorragend im Halbschatten wachsen. Wenn ihre Blüten vergehen, öffnen sich die Knospen von ›Pearl Drift‹ und ›Yvonne Rabier‹. Insbesondere die breitbuschige Sorte ›Pearl Drift‹ mit ihrem kräftigen, glänzenden Blattwerk und den zartrosa angehauchten Blüten ist für zehn bis vierzehn Tage ein Blickfang neben den Treppenstufen und drängt die Rose ›Yvonne Rabier‹ mit ihren weißen Blütendolden in eine Statistenrolle.

An der Rosenböschung oberhalb der Obstwiese werden die rosa Blütenbüschel der Sorte ›Cornelia‹, einer *Rosa-moschata*-Hybride, von einem grünblättrigen Perückenstrauch *(Cotinus coggygria)* ergänzt. Hier war es reiner Zufall, dass sich die Blütenfarben und -formen der beiden Nachbarn perfekt ergänzten. Die rotweiß gestreifte Remontant-Rose ›Ferdinand Pichard‹ geht im »Weißen Garten« eine Symbiose mit dem Riesen-Schleierkraut *(Crambe cordifolia)* ein, das auch als Meerkohl bekannt ist. Die etwas exotische Erschei-

Der große Hartriegel im Hintergrund wird eingerahmt von den Rosen im »Weißen Garten« und des »Gelben Hügels«.

nung der Rose wird durch die weißen, lockeren Blütenschleier des Meerkohls gleichzeitig unterstrichen und neutralisiert, sodass ein harmonischer Übergang zu den Nachbarpflanzen geschaffen wird.

Gegen Ende der Rosenzeit zieht eine andere Pflanzenkombination die Blicke auf sich: Zwischen den Stützmauern am oberen Ende des Gemüsegartens und der Sissinghurst-Bank, auf dem höchsten Punkt des Geländes, wird der Weg von einer Lavendelkante begleitet.

Hinter dieser Lavendelkante steht, auf einer Länge von etwa 20 Metern, eine Reihe der Kleinstrauchrose ›Palmengarten Frankfurt‹. Diese üppig, in lilarosa Dolden blühende Rose sollte ursprünglich nur von der Lavendelsorte ›Hidcote Blue‹ begleitet werden. Doch leider fielen von der ersten Pflanzung mehrere Exemplare aus. Die Nachbestellung erwies sich als eine andere, von uns bisher nicht identifizierte Sorte, die den Farbton von ›Hidcote Blue‹ nicht erreichte. Nach weiteren Ausfällen kam dann noch eine dritte Sorte hinzu.

Anfänglich waren wir darüber verärgert, bis wir entdeckten, dass diese zufällige Mischung von drei Lavendelsorten eine hervorragende Ergänzung zu der einheitlichen Rosenreihe darstellt.

Pfingstrosen ergänzen das hohe Niveau

Die Blütezeit der Pfingstrosen *(Paeonia)*, die mit den Rosen nur den Namen gemeinsam haben, bereichert die »Rosenzeit« auf schönste Art und Weise. Ihre meist dicken, schweren Blüten sind Inbegriff barocker Blütenpracht und -fülle. Am Rande des Wiesengartens haben wir eine Reihe mit Pfingstrosen gepflanzt, die uns ein freundlicher Nachbar in den Anfängen unserer Gartenzeit angeboten hat. Die Schenkung bestand aus einer größeren Anzahl unbekannter Sorten in der Farbpalette Weiß, Rosa bis Lilarot. Zu diesem Zeitpunkt fiel uns für diese kräftigen Stauden allerdings kein geeigneter Standort ein, weil die Anlage des Gartens erst bis zur Hälfte gediehen war. Der Wiesengarten war zwar gerade fertig, aber in dieses Pflanzkonzept passten die Päonien auf keinen Fall. Also gestalteten wir am Rande des Wiesengartens, dort wo damals der Garten endete, eine Pfingstrosenreihe – eine Verlegenheitslösung, für die wir jetzt dankbar sind. Als im nächsten Jahr ein Weg angelegt wurde, stellten wir fest, dass die Pfingstrosen in dieser Reihe stehen bleiben konnten. Wir müssen sie zwar durch gebogene Eisenstäbe hindurch nach beiden Seiten

Durch das Nachpflanzen eingegangener Lavendelbüsche ergab sich eine reizvolle Mischung verschiedener Lavendelsorten, die ursprünglich nicht geplant war.

stützen, aber trotzdem setzen sowohl die Blüten als auch die Blätter – besonders in der Herbstfärbung – einen besonderen Akzent. In einer Staudenpflanzung hätte man die etwa 30 Exemplare kaum integrieren können. In dieser Gestaltungsform dagegen kommt bereits der reizvolle Austrieb der unterschiedlichen Sorten voll zur Geltung. Während ihrer Blüte, die in den Beginn der »Rosenzeit« fällt, verstärken sie den Eindruck der überbordenden Fülle noch. Im Herbst bildet dann das rötlich gefärbte Laub einen schönen Rahmen für die Lilatöne von Fetthenne *(Sedum)* und Herbstzeitlosen *(Colchicum)*.

Im Laufe der Jahre sind einige Päonien mit einfachen Blüten in unseren Garten eingezogen. Ihre

Kein Garten ohne Rosen

Der breite Raum, der den Rosen in diesem Kapitel zugestanden wird, zeigt, welche Bedeutung sie für uns haben. Der relativ hohe Pflegeaufwand ist sicherlich bedingt durch unsere Bodenverhältnisse, doch wollen wir auf den unvergleichlichen Charme der Rosen keinesfalls verzichten. Außerdem sind Rosen für uns die ideale Ergänzung zu Stauden und anderen Sträuchern, wobei wir buschige Wuchsformen bevorzugen. Von der klassischen Beetrose gibt es bei uns daher nur zwei Exemplare der Sorte ›Schwarze Madonna‹, und zwar im Bereich des »Purpurgartens«. Sie wird überwiegend zum Schnitt verwendet.

oben: Eine der dankbarsten Strauchpfingstrosen ist Paeonia delavayi, *doch leider ist ihre Blütezeit nur kurz.*

rechts: Staudenpfingstrosen gehören zu den langlebigsten und ausdauerndsten Blühern in unserem Garten.

großen Schalenblüten sind eleganter und haben nichts von der Massigkeit ihrer gefüllt blühenden Verwandten. Eine der zartesten Blüten trägt *Paeonia veitchii;* sie wirken so zerbrechlich, dass man sie auf den ersten Blick nicht mit der Gattung *Paeonia* in Verbindung bringt. Leider blüht die Art, wie alle Wildformen, nur sehr kurz.

Mit den strauchförmigen Päonien der *Suffructicosa*-Gruppe haben wir weniger Glück. Da diese in den letzten Jahren immer häufiger angeboten werden, konnten wir auch hier der Versuchung nicht widerstehen. Doch meist waren die Containerpflanzen schon im zweiten Jahr Opfer des Grauschimmelpilzes. Lediglich ein Exemplar mit einer weißen, halbgefüllten Blüte, dessen Name uns leider nicht mehr im Gedächtnis ist, erfreut uns seit Jahren mit seinen großen Schalenblüten. Allerdings geht auch an diesem Strauch immer wieder ein Teil der Knospen verloren, wenn im Mai die Temperaturen plötzlich ansteigen. An solchen feuchtheißen Tagen kontrollieren wir die Pflanze täglich und schneiden alle befallenen Austriebe sofort heraus.

Durch einen Zufall ist eine äußerst unproblematische Strauch-Pfingstrose in unseren Garten gelangt. Auf den internationalen Gartentagen im niederländischen Bingerden bei Arnheim konnten wir eine *Paeonia delavayi* erwerben, wussten aber nichts Genaueres über sie. Trotzdem ist aus dieser Pflanze in wenigen Jahren ein kräftiger Strauch geworden, der uns keinerlei Sorgen bereitet. Bisher ist noch kein Trieb von Grauschimmel befallen worden. Schon der Austrieb und die Knospen zeigen eine aparte rote Farbe, die sich in den Blattadern wiederholt. Die zahlreichen kleinen, ungefüllten Blüten sind beinahe braunrot und bilden einen markanten Abschluss der Päonienkante auf der anderen Seite des Weges. Und auch nach der Blüte gefällt diese Art mit ihrem geschlitzten Laub.

Kaminasche gegen Grauschimmel

Päonien werden leicht vom Grauschimmel *(Botrytis)* befallen. Wir überlegten, wie man dem Pilzbefall begegnen könnte, und kamen zu dem Schluss, dass die Holzasche aus unserem Kamin desinfizierend wirken müsse. Deshalb streuen wir beim ersten Austrieb die kalte Asche über die Päonien. Tatsächlich wird bei den Stauden-Pfingstrosen nur noch ausnahmsweise ein Stängel oder Austrieb befallen, den wir dann auf unseren Rundgängen entfernen. Insgesamt beobachten wir, dass auch das Laub durch die Aschebehandlung deutlich kräftiger ist. Leider können wir bei den Strauch-Pfingstrosen ähnliche Erfolge nicht verzeichnen. Es bedarf auch sicherlich noch einiger Jahre, um diese Methode zur Grauschimmel-Bekämpfung als schlüssig erprobt weiterzugeben.

links: Das Blau der Ritterspornblüten hat uns immer wieder in den Bann gezogen. Auf dem »Cottagebeet« sind viele verschiedene Sämlinge zusammengepflanzt worden und bestimmen den Eingangsbereich des Gartens im Juni.

Der blaue Ritter als würdiger Begleiter der Rosen

Die zahlreichen Rosen und Pfingstrosen werden in unserem Garten vom Blau der Ritterspome *(Delphinium)* begleitet. Ihre aufstrebenden Blütentrauben erreichen eine Höhe von bis zu 1,80 m und bilden eine vertikale Ergänzung zu den rundlichen Formen der Rosen. Die vielen Nuancen der Farbe Blau, die der Rittersporn zu bieten hat, zaubern eine kühle, frische Stimmung in den Garten. Die warmen Farben der Rosen, von Gelb, Aprikot, Weiß und Rosa bis zu dunklem Rot, würden allein zu romantisch wirken, der Rittersporn hingegen bringt mit seiner Farbe und Form den notwendigen Kontrast. Dabei haben wir Rosen und Rittersporn nicht unmittelbar kombiniert.

Das »Cottagebeet« rechts neben der großen Einfahrt ist im Juni vor allem ein Ritterspornbeet. Dort sind etwa 70 Exemplare auf den mittleren Teil des Beetes gepflanzt worden. Dazwischen befinden sich noch andere Stauden, wie Sonnenhut (*Rudbeckia nitida* ›Herbstsonne‹), verschiedene Phloxsorten *(Phlox paniculata)*, Raublattastern *(Aster novae-angliae)* und Taglilien *(Hemerocallis)*, die im Hochsommer blühen, zu dieser Zeit aber noch niedrig sind. Vor dem Rittersporn stehen einige rosa blühende Pfingstrosen, die vom üppig wachsenden, blauviolett blühenden Pracht-Storchenschnabel *(Geranium × magnificum)* umspielt werden. Dazwischen tauchen einige rotviolette Blüten von Ziestpflanzen *(Stachys macrantha)* auf. Weiterhin kommen noch zweijährige Lichtnelken *(Lychnis coronaria)* dazu, die ihre silbriggrauen Stängel mit rotvioletten Blüten zur Geltung bringen. Den Rand bildet eine Kante aus Frauenmantel *(Alchemilla mollis)*, deren grünlich gelbe Doldenrispen zu dieser Zeit bereits voll entwickelt sind. Doch das Blau des Rittersporns dominiert durch die Höhe und Blütenfülle der Pflanze. Da dieses Beet, wie auch die kiesbedeckte Einfahrt, ein leichtes Gefälle von der Straße zur Grundstücksmitte aufweist, kommt es uns beim Auffahren zu dieser Zeit

Die Kinderstube unserer Rittersporne

Anfang Juli, direkt nach der Samenreife, säen wir in normale Gartenerde aus. Die Keimlinge entwickeln sich schnell und zahlreich. Allerdings sind die Keimblätter leicht mit der Vogelmiere zu verwechseln, doch bei genauerem Hinsehen kann man die etwas kräftigeren, lanzettlichen Blättchen des Rittersporns deutlich von dem Wildkraut unterscheiden. Schon im Herbst haben die Sämlinge ein drittes und viertes Blatt entwickelt, welche bereits im Kleinformat die geschlitzte Form der »erwachsenen« Ritterspornblätter aufweisen. Zu diesem Zeitpunkt können sie vereinzelt werden. Bei uns wachsen sie in jeweils zwei Reihen direkt hinter den Irisbeeten am Südende des Gemüsegartens weiter. Im folgenden Frühjahr werden sie mit Hornmehl gedüngt und blühen bereits kräftig ab Mitte Juni; einzelne Pflanzen sogar schon Anfang des Monats. Im Herbst haben sie sich so weit entwickelt, dass sie ihren endgültigen Platz im »Cottagebeet« einnehmen können.

immer so vor, als würden wir in die blauen Fluten des Rittersporns eintauchen. Einzelne Gruppen von Rittersporn verteilen das leuchtende Blau dann durch den ganzen Garten.

Im Gemüsegarten ist die blaue Staude ebenfalls zu finden, da wir regelmäßig Ritterspornsämlinge heranziehen. Anfangs waren wir von den gekauften Containerpflanzen meist enttäuscht, denn viele gingen gleich nach dem Auspflanzen ein oder kümmerten vor sich hin. Nur der geringere Teil entwickelte sich nach unseren Vorstellungen. Dies wiederholte sich alljährlich und war in zweifacher Hinsicht ärgerlich, denn die Pflanzen waren nicht gerade preiswert. Als wir durch Zufall in den Irisbeeten Ritterspornsämlinge entdeckten, kamen wir auf die Idee, die Staude selbst über Samen zu vermehren. Das erwies sich als vollkommen unproblematisch und sehr erfolgreich.

Rittersporn ist leider eine kurzlebige Staude und muss regelmäßig nachgepflanzt werden. Einige Pflanzen im »Cottagebeet« haben auch unter den nachfolgenden Sommerstauden gelitten oder sind regelrecht erdrückt worden. Durch die eigene Nachzucht sind wir jetzt in der Lage, den vorhandenen Bestand regelmäßig und großzügig zu ergänzen. Zwar sind die Farben Zufallsergebnisse von Mutationen, doch können wir unter den Sämlingen die beste Auswahl treffen. Häufig ergänzen sich die vielen Blautöne, die die Sämlinge bieten, sehr gut. Außerdem sind unsere eigenen Pflanzen sehr standfest und stützen sich weitgehend untereinander. Nur dort, wo kleinere Gruppen von Rittersporn stehen, stützen wir die Pflanzen ab, damit die langen Rispen nicht am Boden abbrechen. Weiterhin hat sich gezeigt, dass die selbst gezogenen Pflanzen bisher frei von Mehltau sind. Auch ist die Schneckenplage, von der viele Gartenbesitzer berichten, bisher an uns vorübergegangen. Wir können diese »Horrorgeschichten« jedoch gut nachvollziehen, seit wir bei Freunden beobachtet haben, welchen Schaden die Tiere anrichten. In der Abenddämmerung eines Sommertages zählten wir dort fast 100 dicke Nacktschnecken an einer Rhabarberpflanze, von der am nächsten Tag nur noch ein Skelett übrig war. Rittersporn, insbesondere junge Pflanzen, sind eine Lieblingsspeise für Schnecken. Bisher haben wir noch keine geeignete Schutzmaßnahme entdeckt und hoffen deshalb, dass wir von dieser Plage verschont bleiben.

links: Durch die Aussaat des in unserem Garten ausgereiften Samens ergeben sich beim Rittersporn viele verschiedene Blautöne.

rechts: Die Sorten des Japanischen Blumen-Hartriegels, Cornus kousa, *sind schon dann von besonderem Reiz, wenn sich ihre Hochblätter langsam färben.*

Mitte Juni haben die Hochblätter von Cornus kousa *›Satomi‹ ihre Farbe voll entwickelt. Die eigentliche Blüte ist der unscheinbare Knopf in der Mitte.*

Die schönsten Sträucher untermalen die Blütenpracht

Rosen, Päonien und Rittersporn werden von den edelsten Sträuchern, die unser Garten zu bieten hat, begleitet. Auf der Rhododendronböschung steht eine inzwischen 2,5 m hohe Sommermagnolie *(Magnolia sieboldii)*, deren weiße, sternförmige Blüten nickend nach unten hängen – im Gegensatz zu den meisten anderen Arten mit aufrechten, tulpenförmigen Blüten. Deshalb wurde sie auch an den erhöhten Rand des Weges gepflanzt, sodass wir von unten in ihre zarten Blüten hineinschauen können. Obwohl sie nur langsam wächst, bringt sie mit großer Regelmäßigkeit eine Fülle von Blüten hervor, die im Zentrum der strahlend weißen Blütenblätter lilarote Staubgefäße tragen. Ihr frischer Duft passt in die Atmosphäre dieser frühen Junitage.

In Sichtweite konkurrieren zwei Hartriegel mit dieser Junischönheit. *Cornus kousa* ist dabei der letzte, der aus der großen Familie der Hartriegel blüht. Bei uns ist diese Art durch eine Hybride namens ›Schmetterling‹ vertreten, die wir an der Hauptsichtachse vom Gemüsegarten zum Wiesengarten, also an exponierter Stelle, platziert haben. Die eigentliche Hartriegelblüte ist der unscheinbare, grüne Mittelpunkt zwischen den strahlend weißen Hochblättern. Die langsame Verfärbung dieser Hochblätter von grün zu weiß ist genauso reizvoll wie die spätere Herbstfärbung, wenn die Blätter vom Rand her langsam in ein Himbeerrot umschlagen. Leider fallen sie ab, bevor das ganze Blatt diese Färbung angenommen hat. Später, zum Ende des Sommers, taucht diese Farbnuance bei den kleinen, kugeligen Früchten wieder auf, die über den ganzen Strauch verteilt sind und ihn ungemein zieren.

Am Ende der Sichtachse, genau an der Ecke, an der der »Weiße Garten« und die »Orangefarbene Ecke« aneinander stoßen, steht mit dem Chinesischen Blumen-Hartriegel *(Cornus kousa* var. *chinensis)* eine Varietät der Art. Er wurde noch im Frühjahr 1985 von unserer Mentorin ausgesucht und als »point de vue«, als markanter Blickfang, gepflanzt. Inzwischen hat er eine Höhe von fast 4 m erreicht und begeistert uns seit Jahren mit einer Überfülle weißer Blütensterne. Wie kleine Gletscherzungen bauen sich die ausladenden Zweige etagenförmig auf, und wenn ein leichter Wind die Äste bewegt, entstehen Assoziationen zu einer modernen Skulptur.

Ein dritter Blumen-Hartriegel, genauer die Sorte ›Satomi‹ mit rosafarbenen, metallisch glänzenden Hochblättern, bereichert den »Purpurgarten«. Der Strauch legt inzwischen seine blütenschweren Zweige auf die Buchenhecke ab und lässt so schon von der Straße her erahnen, welcher Schatz sich hinter der Hecke verbirgt. Aufgrund der Schönheit und Robustheit wurden von *Cornus kousa* zahlreiche Sorten gezüchtet. Wir haben diese Entwicklung verfolgt und uns noch die Sorten ›Teutonia‹ sowie ›Weiße Fontäne‹ gekauft. Nun sind wir gespannt, wie sich diese beiden Neuzugänge in den nächsten Jahren entwickeln werden.

Rosen, Päonien, Rittersporn und Hartriegel werden durch viele weitere Stauden ergänzt. *Hosta*-Sorten, die um diese Zeit ihr Blattwerk in voller Pracht entfalten und noch die Frische der Junitage unterstreichen, gehören dazu.

Spätestens jetzt wird verständlich, wieso diese Wochen eine besondere Epoche in unserem Gartenjahr darstellen.

Kohl und Salat dekorieren die Rosenzeit

Auch der Gemüsegarten steht der Pracht der Zierpflanzen nicht nach. Die frühen Kohlsorten sind bereits gut entwickelt und sehen ihrer Erntereife entgegen. Da es bis dahin nur noch wenige Tage sind, können wir jetzt die schützenden Vliese entfernen. Die Kohlfliege kann keinen Schaden mehr anrichten und den Tauben schmeckt das fast schon ausgereifte Kohlblatt nicht mehr.

Die Kohlreihen haben ihre eigene Ästhetik. Die äußeren Blätter des Weißkohls, die den festen Kopf in der Mitte umgeben, zeigen eine ausgesprochen schöne Aderung. Einige Dillpflanzen haben schon ihre grünlich gelben Blütendolden entwickelt und umspielen die strengen Reihen des Kohlbeetes. Hier und da ist ein Schlafmohn *(Papaver somniferum)* emporgeschossen.

Die Art und alle Sorten von Cornus kousa *sind empfehlenswerte Gartengehölze. Ihre Früchte rücken den Strauch nach der Blüte im Spätsommer ein zweites Mal in den Blickpunkt und mit der Herbstfärbung des Laubes erreicht die Pflanze einen dritten Höhepunkt.*

Zur Rosenzeit ist der Gemüsegarten bereits gefüllt mit heranwachsenden Salatköpfen und anderen Gemüsearten. Die in Reihen ausgepflanzten Ritterspornsämlinge zeigen erste Blüten.

Über seinen graugrünen Blättern platzt bereits eine erste gefüllte, hellrosa Blüte auf.

Neben den Kohlreihen ist das Salatbeet ein Blickfang. Meist pflanzen wir vier verschiedene Salate in Reihen nebeneinander. Dabei wächst eine rotblättrige Sorte neben einer dunkelgrünen, neben der wiederum eine gelblich grüne Sorte die Salatpalette ergänzt. Es ist beinahe ein schmerzhafter Eingriff, wenn einzelne

Exemplare aus den Reihen herausgeholt werden und in die Küche wandern.

Die kräftig grünen Erbsenpflanzen sind an ihren Rankhilfen emporgewachsen und blühen nun, ebenso wie die Dicken Bohnen. An langen Stangen recken sich die Rankbohnen empor und wirken wie Skulpturen.

Dies sind für uns die Tage des Atemholens. Wir erleben die Pflanzen noch in der Frische der Entwicklung auf dem Weg zum Fruchtansatz. Alles Blühen hat das eine Ziel, nämlich Früchte zu tragen, und ist voller Hoffnung.

Die Gartenbuchautorin Ellen Fischer hat diese Zeit unter dem Titel »Mozart im Kalender« beschrieben, und auch wir erleben in diesen Tagen eine Nähe zur Musik, eine beschwingte Fülle und Fröhlichkeit, die einen Zauber über unseren gesamten Garten legt.

Wendepunkt des Gartenjahres

Die Zeit der königlichen Lilienblüten und dankbaren Taglilien, der reichen Gemüseernte sowie der Stauden und Gehölze des Hochsommers

links: Mit den Königslilien, die einen intensiven Duft verströmen, beginnt in unserem Garten die Lilienzeit.

rechts: Der Gemüsegarten ist jetzt übervoll. Während die Stangenbohnen noch an ihren Stützen emporranken, sind andere Gemüsearten schon erntereif.

Mit dem Erblühen der Lilien erreicht das Gartenjahr seinen Zenit.

Dabei liegt zwischen den Königslilien (*Lilium regale*), die den Auftakt bilden, und den letzten Orientalischen Hybriden (*L.-Auratum*-Hybriden) wie ›Journey's End‹ ein Zeitraum von sechs bis acht Wochen. Diese Zeitspanne ist ausgefüllt mit Erntearbeiten aller Art. Pflanzungen und Pflegearbeiten nehmen kein Ende. Es ist Sommer, die Tage sind lang, und wenn es nicht zu häufig regnet, geht die Arbeit leicht von der Hand. Jetzt genießen wir auch die sommerlichen Menüs, die der Gemüsegarten zu bieten hat. Doch gegen Ende dieser Zeit merken wir, dass die Arbeit uns gefordert hat, und fallen etwas atemlos in die Ferien.

Königslilien läuten die Haupternte im Gemüsegarten ein

Die Königslilien stehen in einem breiten Band auf den Hochbeeten oberhalb der Stützmauern aus alten Backsteinen. Je nach Qualität der Knolle tragen sie auf kräftigen Stielen bis zu zwölf trompetenförmige Blüten in strahlendem Weiß mit einem gelben Punkt. Dabei haben wir die Art mit einer Sorte gemischt. Bei *Lilium regale* ›Album‹ ist die gesamte Blüte reinweiß, während

Die Dicken Bohnen müssen rechtzeitig geerntet werden, damit sie nicht hart werden. Sie eignen sich hervorragend zum Einfrieren.

die Art eine rötlich braune Färbung auf der Außenseite der Blüte trägt. Von der letzteren haben wir deutlich mehr gepflanzt, weil die dezente Farbe auf der Außenseite gut zu der Backsteinmauer passt. Im Januar sind die Pflanztöpfe bereits vorbereitet worden, denn fast alle Lilien werden – ebenso wie die Tulpen – in Plastiktöpfen gepflanzt.

Der Gemüsegarten hat in diesen Tagen und Wochen seinen Höhepunkt, die Beete sind übervoll mit reifendem Gemüse. An den Erbsenreisern hängen die immer dicker werdenden Schoten, die Dicken Bohnen sind prall gefüllt, Schalotten und Zwiebeln zeigen ordentliche Rundungen. Blumenkohl und Brokkoli haben schwere, erntereife Köpfe gebildet und der krause Wirsing ergänzt das Bild. Salat- und Weißkohlköpfe wetteifern mit ihren drallen, runden Formen. Die Rotkohlköpfe bringen eine weitere Farbnuance ein. Auf den Beerenbeeten, die das Gemüse flankieren, hängen die Trauben der Johannisbeeren in Rot, Weißgelb und natürlich in Schwarz. Die Früchte der Kirschbäume röten sich mit jedem Tag mehr und der Sommerapfel ›James Grieve‹ zeigt seine rotgelben Früchte. Am unteren Ende der Gemüsebeete öffnen sich die blauen Blüten der Ritterspornsämlinge, über die ganze Fläche des Gemüsegartens verteilt stehen Dilldolden und die dicken, gefüllten Mohnblüten. Leuchtendes Gelborange wird von einigen Ringelblumen zu dieser Farbkombination beigesteuert. Da der Gemüsegarten eine leichte Hanglage hat, präsentiert sich dieses Zusammenspiel aus Formen und Farben dem Betrachter wie ein Bild, dessen barocker Rahmen das Band der Königslilien bildet. An warmen Sommerabenden legt sich der schwere Lilienduft über diese ganze bäuerliche Pracht. Aber die Zeit drängt. Die großen Spitzkohl-, Weißkohl- und Wirsingköpfe müssen geerntet werden, bevor ein warmer Sommerregen sie zum Platzen bringen könnte. Sie eignen sich hervorragend zum Einfrieren. Dazu werden sie klein geschnitten, blanchiert und in Portionen tiefgekühlt. Anders ist es mit Blumenkohl und Brokkoli. Beide Kohlarten verlieren sehr an Geschmack, wenn sie wieder aufgetaut werden. Deshalb frieren wir beides als fertige Suppe ein. Beim Blumenkohl sind glücklicherweise nicht alle Köpfe gleichzeitig reif. So haben wir über drei bis vier Wochen Gelegenheit, eine Qualität frisch zu genießen, die man nicht kaufen kann.

Die Orientalischen Lilien der Sorte ›Star Gazer‹ stehen in Terrakottatöpfen und können so nach Bedarf platziert werden.

›Marco Polo‹ begleitet die zweite Ernteperiode

Wenn das Band aus Königslilien langsam vergeht, ist auch das Kohlbeet endgültig abgeerntet. Am unteren Ende des Gemüsegartens öffnen sich dann die Blüten der Liliensorte ›Marco Polo‹, einer aparten Orientalischen Hybride. Am selben Standort waren Anfang Mai

Winterzeit ist Pflanzzeit für Lilien

Unseren Bedarf an Lilienknollen frischen wir jeweils zum Jahreswechsel neu auf, wenn wir ein paar Ferientage auf der niederländischen Insel Texel verbringen. Dort beziehen wir erstklassige Lilienzwiebeln direkt beim Züchter; die Ware wurde dort optimal gelagert und ist von bester Qualität. Zu Hause werden die Plastiktöpfe zunächst mit einer Schicht Sand gefüllt, dann folgt eine Lage Komposterde, darauf die Lilienzwiebeln. Anschließend wird der Topf mit Komposterde aufgefüllt. Eine Abdeckung mit altem, abgelagerten Kuhmist garantiert den Düngerbedarf für die kommende Gartensaison.

oben: Am Eingang zum Gemüsegarten rankt die Kletterrose ›Raubritter‹ an einem Gestell empor und wetteifert mit einer Klematisschönheit aus England.

rechts: Wo im Frühling weiße Tulpen standen, blühen jetzt Lilien der Sorte ›Marco Polo‹. Sie müssen ihre schweren Blütenköpfe auf dem Holzzaun abstützen.

noch die Tulpen der Sorte ›White Triumphator‹ zu sehen. Etwa Mitte Mai werden die in Plastiktöpfe gepflanzten Tulpen gegen gleich große Töpfe mit Lilien ausgetauscht. Für den Bereich am südlichen Ende des Bauerngartens, längs des Holzzauns, haben wir die Sorte ›Marco Polo‹ gewählt, weil ihre weißen Blüten mit den hellrosa Spitzen sehr gut zu den nachblühenden Rosen passen. Am Eingang zum Gemüsegarten rankt an einem Eisenpillar die Kletterrose ›Raubritter‹ empor. Ihre kugeligen Blüten zeigen ein kräftiges Rosa, ebenso wie einige andere Rosen auf diesem Beet entlang des Zauns, die zu dieser Zeit eine zweite Blüte entwickeln. Hier sind die Englischen Rosen ›Hero‹, ›Heritage‹ und ›Mary Rose‹ sowie die alte, leider selten im Handel angebotene Zentifolie ›Juno‹ zu nennen. Die bis zu 1,20 m hohen Lilien werden an der Rückseite vom Zaun gestützt, zur vorderen Seite geben ihnen die Rosenbüsche Halt. Unterhalb des Zauns wächst Efeu, das an zwei Pfosten emporranken darf und so mit seinen dunkelgrünen Blättern eine ideale Ergänzung zu den Lilienblüten darstellt. Zwei kleinblütige *Clematis* ergänzen das Bild: Zum einen ist dies die stark rankende *C. viticella* ›Minuet‹ mit ihren weißen, rötlich purpurn geaderten Blüten, die in den Japanischen Blumen-Hartriegel ›Schmetterling‹ (*Cornus kousa*) geklettert ist und sich mit weiteren Ranken unter die Lilien mischt. In dem Rosenpillar ist die zweite kleinblütige *Clematis* mit blauen, glöckchenförmigen Blüten emporgeschossen, ein Mitbringsel aus England von der nationalen Clematis-Sammlung Burford House. Leider ist uns der Name dieser überreich blühenden *Clematis* verloren gegangen.

Leckereien aus dem Obstgarten

Eine kleine Menge schwarzer Johannisbeeren wird mit Kandiszucker und Vanillestangen in dickbauchige Flaschen gefüllt und mit klarem Weizenkorn aufgesetzt. Aus dieser Mischung entsteht der »Bees«, ein am Niederrhein traditioneller, selbst gemachter Likör. Ist er älter als ein Jahr, kann man ihn – mit Chardonnay oder Champagner aufgegossen – als Aperitif servieren. Schwarze Johannisbeeren ergeben pur eine schmackhafte Marmelade, vermischt mit Quark, Sahne und »Bees« eine erfrischende Nachspeise.

Zu den Höhepunkten des Hochsommers gehören die Menüs mit frischem Gemüse aus dem Garten. Dazu laden wir gerne Freunde ein, um einen schönen Sommerabend gemeinsam zu genießen.

Im Gemüsegarten werden jetzt die Erbsen und die Dicken Bohnen geerntet. Beide Gemüsearten eignen sich hervorragend zum Tiefkühlen. Die Beete werden abgeräumt und neu mit Wintergemüse bepflanzt. Dazu gehören Porree, Grünkohl und Mangold, den wir erst jetzt aussäen, um ihn möglichst lange in den Winter hinein frisch ernten zu können. Auch Endiviensalat wird jetzt gepflanzt. Die Kirschen müssen gepflückt und in Einweckgläsern konserviert werden. Die Johannisbeersträucher werden ihrer Fruchtzierde beraubt. Wir müssen dabei schneller sein als die Amseln, die diese Früchte ebenfalls sehr schätzen. Ein Teil der Beeren wird tiefgekühlt, ein anderer entsaftet, um Gelees herzustellen.

All diese Arbeiten sind für uns nicht nur Belastung, sondern auch Genuss. Die Konservierung von Obst und Gemüse knüpft an die alten bäuerlichen Traditionen an, mit denen wir groß geworden sind. Allerdings haben wir das ein oder andere Rezept etwas verändert und mit unseren Erfahrungen aus der französischen Küche verknüpft. Im Grunde geht es uns aber um die Qualität von Gemüse und Obst, die giftfrei und ohne übermäßige chemische Düngung gewachsen sind und entsprechend schmecken. Nun kommt auch die Zeit, um Freunde in den sommerlichen Garten einzuladen und mit ihnen ein der Jahreszeit entsprechendes Menü zu verzehren.

Taglilien folgen den Lilien mit Würde

Inzwischen sind die Taglilien (*Hemerocallis*), die mit den richtigen Lilien nur den volkstümlichen Namen gemeinsam haben, an der Reihe. In der »Orangefarbe-

nen Ecke«, auf dem »Gelben Hügel«, im Wiesengarten und im »Cottagebeet« blühen etwa 100 verschiedene Sorten. Sie sind so zahlreich in unserem Garten vertreten, weil sie die einfachste Pflanzenart ist, die bei uns wächst. Im Halbschatten, in sonniger Lage, auf Sandboden oder Lehm, selbst in Töpfen sind Taglilien gut zu verwenden. Sie verlangen auch keine besondere Düngung. Da Taglilien seit Jahrzehnten in den USA züchterisch bearbeitet werden, gibt es mittlerweile im Handel eine Vielzahl von Sorten. Neben kleinwüchsigen Formen, die nur bis 30 cm hoch werden, gibt es auch hohe Sorten, die bis zu 1,30 m hohe Blütenstiele entwickeln. Die Farbpalette reicht von Cremeweiß über alle denkbaren Nuancen der Farbe Gelb bis zu orangenen und roten Tönen, ja sogar bis zum dunklen Braunrot. Auch die Blütenformen scheinen schier unendlich zu sein.

Eine der frühesten *Hemerocallis*-Hybriden trägt den Namen ›Corky‹ und öffnet ihre hellgelben Blüten schon in der ersten Junihälfte. Im Juli blühen bei uns

Blüten für einen Tag

Die unempfindlichen Taglilien behaupten sich in jedem Teil unseres Gartens. Leider ist jede Blüte nur einen einzigen Tag geöffnet und sollte deshalb nach dem Verblühen herausgebrochen werden. Diesen kleinen Nachteil macht die Pflanze jedoch durch die Fülle der Knospen und die verschiedenen Blühzeiten der Sorten wieder wett. In unserem Garten findet man über 100 verschiedene Sorten, wobei die Farben Gelb und Orange vorherrschen. Die großblumigen Sorten wachsen trotz der Konkurrenz durch die Narzissenzwiebeln sogar im Wiesengarten gut und leuchten schon von fern.

überwiegend die großblumigen Vertreter der Gattung. Im Wiesengarten behaupten sie sich zwischen den Narzissenzwiebeln im Boden gut. Auch die späteren Stauden, wie Flockenblumen und Storchschnabel, beeinträchtigen ihr Wachstum nicht. Im Hochsommer schieben die Taglilien ihre Stiele über alle anderen Pflanzen hinweg und beeindrucken mit der Größe ihrer Blüten.

Auf der Fläche des Wiesengartens sind überwiegend die Farbtöne Gelb und Orange anzutreffen. Ergänzt werden die *Hemerocallis* durch gelb und weiß blühende Königskerzen (*Verbascum chaixii*). Die zweijährigen Seidenhaar-Königskerzen (*V. bombyciferum*) bilden zwar größere Blüten und das graugrüne, leicht behaarte Blatt ist eine reizvolle Ergänzung zu unserem Pflanzenbestand, aber sie müssen regelmäßig nachgepflanzt werden, weil eine Selbstaussaat in der dichten Bepflanzung erfolglos bleibt. *Verbascum chaixii* hat im Vergleich zu ihrer Verwandten zwar wesentlich kleinere Blüten, bildet aber mehrere Blütenstiele, wenn man die verblühten Stängel rechtzeitig entfernt. So kann man mit einer guten Nachblüte rechnen. In dieses hochsommerliche, von gelben Farben bestimmte Bild bringt die Katzenminze (*Nepeta × faassenii*) einige blaue Tupfer. Es ist reizvoll, bei den täglichen Rundgängen um dieses Wiesenbeet immer wieder neue Farb- und Formunterschiede zu entdecken. Da wir stets neue *Hemerocallis* zukaufen, wissen wir oft gar nicht mehr, welche Ergänzungen vom letzten Jahr sich noch auf dieser Fläche befinden. So gibt es immer wieder Überraschungen.

»Gelber Hügel« und »Orangefarbene Ecke« blühen erneut auf

Der »Gelbe Hügel« lebt zu dieser Zeit noch einmal auf. Nach der zarten Krokusblüte im Februar, den Narzissen im März und April, den Kaiserkronen und Tulpen zu Anfang Mai, den nachfolgenden Azaleen, Iris und Rosen, schließt die *Hemerocallis*-Blüte den Reigen. Auch hier zeigt sich, wie unproblematisch diese Pflanzengattung ist, denn die große Robinie auf dieser 100 m² großen Fläche zieht viel Feuchtigkeit aus dem Boden. In den Frühlingsmonaten ist dies weniger problematisch, wenn das Laub des Baumes noch nicht geschlossen ist. Aber ab Juni spürt man doch, dass die Blattmasse der Robinie den Regen abhält und der Baum verstärkt die Feuchtigkeit aufnimmt. Trotzdem kommen die Taglilien regelmäßig zur Blüte. Allerdings entwickeln sie sich an diesem Standort deutlich langsamer. Auch das Wachsglöckchen (*Kirengeshoma palma-*

links: Die Vielfalt der Taglilien ist schier unendlich – hier zeigt uns die hellgelbe, gefüllte Sorte ›Andrew Christian‹ ihre volle Schönheit.

rechts: Weit über 100 verschiedene Tagliliensorten überraschen uns jedes Jahr aufs Neue – so wie hier die Sorte ›Raging Tiger‹, die sich durch eine kreisförmige Zeichnung der Blütenblätter auszeichnet.

ta) kommt mit seinem Standort auf dem »Gelben Hügel« gut zurecht. Ein viele Jahre altes Exemplar dieser Art hat zur Blütezeit der *Hemerocallis* sein schönes Blattwerk voll ausgebildet. Mit seinen leicht an Ahorn erinnernden Blättern und dem kompakten Wuchs schafft es einen schönen Kontrast zu den eher krautigen Taglilien.

In der »Orangefarbenen Ecke« sind ausschließlich großblütige Pflanzen versammelt. Den zur Hecke gelegenen Hintergrund bilden die hoch aufgeschossenen, bronzefarbenen Blütenrispen des Federmohns (*Macleaya cordata*), die zusammen mit dem schönen, grau angehauchten Blattwerk eine ideale Ergänzung zu den großen Taglilienblüten bilden. Allerdings muss der Federmohn radikal in seinem Wachstum begrenzt werden. Etwa Mitte Juni wird ein Drittel aller Stiele rigoros herausgerissen und kompostiert. Ohne diesen Eingriff würde er die ganze Fläche zuwuchern. Der weißblütige Federmohn der Sorte ›Alba‹ ist dagegen wesentlich zurückhaltender. Er steht auf der anderen Seite des Hartriegels, der die »Orangefarbene Ecke« und den »Weißen Garten« trennt. Er hat sich über Jahre hinweg nur langsam entwickelt und erreicht nicht die Höhe seines Vetters. Diese Kombination wird noch übertroffen von einer Lilie, dem orangefarbenen Riesentürkenbund (*Lilium henryi*). Glücklicherweise ist diese Lilienart bei uns vollkommen unproblematisch und vermehrt sich sogar kräftig. Während alle anderen Lilien im Laufe der Jahre deutlich nachlassen, teilen wir den gelben Riesentürkenbund regelmäßig und pflanzen ihn neu. Seine Blütenstiele wachsen bis 1,80 m in die Höhe, sodass sie die *Hemerocallis*-Blüten überragen und eine Zwischenetage zu dem noch höheren Federmohn bilden. Wenn dann noch einige Englische Rosen der Sorte ›Charles Aus-

Der Wiesengarten im Hochsommer: Viele verschiedene Taglilien bestimmen das Bild, das von den aufrechten Blüten der Königskerzen ergänzt wird. Im Hintergrund zeigen sich die weit ausladenden Äste des weißlaubigen Pagoden-Hartriegels.

Jetzt ist die beste Zeit im Kräutergarten. Ein dezenter Duft liegt über den verschiedenen Pflanzen, bei denen sich Wuchsform und Blatttexturen harmonisch ergänzen.

tin‹ blühen, glüht die gesamte Ecke im Abendlicht eines Sommertages in unterschiedlichen Orangetönen.

Der »Purpurgarten« bildet den ruhenden Gegenpol

Der hinter einer Hecke liegende »Purpurgarten« vermittelt eine wohltuende Ruhe, denn in den Tagen der Lilien- und Taglilienblüte hat der Garten für uns oft eine erdrückende Fülle. Jetzt sehen wir an jeder Stelle Arbeit, die zu tun ist, wie das Ernten, diverse Pflanzarbeiten und Schnittmaßnahmen. Stauden, insbesondere der Rittersporn, müssen jetzt zurückgeschnitten werden; die verblühten Rosen sind zu entfernen, und überall im Garten müssen wir die Hecken wieder in Form bringen. Warme Sommerregen lassen das Unkraut in nur wenigen Stunden emporschießen. Das rasend schnell wachsende »Franzosenkraut« zum Beispiel findet überall noch ein freies Plätzchen, um mit seinem krautigen Wuchs der allgemeinen Sommerfülle einen unordentlichen Anstrich zu verleihen.

Der »Purpurgarten« bietet in der Umfriedung mit den mehr als 100 Jahre alten Rotbuchenhecken jetzt nicht nur eine übersichtliche Fläche, sondern mit seinen gedämpften Farben und sparsamen Blüten einen beruhigenden Abschluss bei unserem täglichen Rundgang durch den Garten. Zwar ragen aus dem grünen

Hintergrund einige weinrote *Hemerocallis* heraus, aber ihre Farben sind weitaus zurückhaltender als in den anderen Gartenteilen: Die Strauchrose ›Lady Curzon‹, eine Hybride von *Rosa rugosa*, hat einfache, silbrig rosa Blüten und wird ergänzt von der graulaubigen Silberraute (*Artemisia*). Einzelne kelchförmige Lilienblüten in Lilarot überragen die Stauden, die schon fast alle abgeblüht sind. Die Beete des Kräutergartens sind zwar üppig zugewachsen, aber dort finden sich überwiegend Grüntöne ohne spektakuläre Blüten. Die Kräuter verleihen auch diesem Gartenteil einen sommerlichen Duft, aber ohne die Schwere der Lilien, wie sie im übrigen Garten vorherrscht. Jetzt verweilen wir häufiger auf der Sitzgruppe, die auf der kleinen Rasenfläche steht. Auch die meisten Mahlzeiten nehmen wir hier ein, obwohl wir sonst den zum »Weißen Garten« gelegenen Innenhof bevorzugen. Es ist, als würde uns der restliche Garten mit seiner überquellenden Fülle fast erdrücken, während in diesem kleinen Gartenraum alles übersichtlich bleibt.

Lilien unterbrechen die Sommerpause im »Weißen Garten«

Im »Weißen Garten« öffnen sich jetzt an der Rhododendrenböschung die letzten Lilien, die Orientalischen Hybriden ›Casablanca‹ und ›Journey's End‹. Die letztgenannte Sorte bezaubert mit dunkelrosa, weiß umrandeten Blüten und wächst, wie alle anderen Lilien, ebenfalls in Töpfen. Die reinweiße Sorte ›Casablanca‹ nimmt die Stellen ein, die im Frühjahr mit Tulpentöpfen bestückt waren. Denn gerade in dem aufgeschütteten Wall um den Teich herum fühlen sich die Wühlmäuse besonders wohl, sodass ungeschützte Blumenzwiebeln diesen direkt zum Opfer fallen würden.

Leider haben wir bei der Anlage des Walls den Fehler gemacht, den Kern mit Bauschutt aufzufüllen, den wir auf diese Weise zu entsorgen glaubten. Zwar waren es nicht viele Reste alten Mauerwerks, das noch mit Kalkmörtel gebaut war, aber damit haben wir wohl den passenden Wohnraum für diese Gartenfeinde geschaffen. Zu allem Nachteil ist er auch noch gut beheizt, da die Mittagssonne diese geschützte Stelle des Gartens besonders erwärmt. Deshalb müssen wir

Detail aus dem sommerlichen »Weißen Garten«: Die Waldglockenblume steht vor der Eichenblättrigen Hortensie in einer halbschattigen Ecke.

Der Akanthus und unser Phlox-Sämling haben sich zufällig gefunden. Sie bilden eine farblich überzeugende Ergänzung zweier Hochsommerstauden mit langer Blühzeit.

gerade hier alle Tulpen- und Lilienzwiebeln in Töpfe pflanzen, da sie sonst auf der Stelle weggefressen würden.

Die Lilien kommen jetzt im Hochsommer vor dem grünen Hintergrund der Rhododendren und anderen Sträucher besonders gut zur Geltung. Sie veredeln diesen Gartenbereich, der im Juli keine besondere Blüten mehr zu bieten hat. Einige *Phlox* sorgen noch für ein strahlendes Weiß, während im Hintergrund die kräftigen Blütenkugeln der cremeweißen Waldhortensie ›Annabelle‹ (*Hydrangea arborescens*) leuchten. Doch insgesamt fehlt dem »Weißen Garten« im Hochsommer ein besonderer Akzent, sieht man vom Beet im Innenhof ab, das jetzt mit weiß blühenden Weidenröschen (*Epilobium angustifolium* ›Album‹) gefüllt ist.

Der Hochsommer wendet die Stimmung im Gartenjahr

Im Gemüse- und Obstgarten drängt die Ernte zu weiteren Arbeiten. Die ersten Strauchbohnen sind ernte-reif, ebenso die Stangenbohnen. Die Mirabellen leuchten gelbrot und wollen geerntet werden. An der frühen Pflaume ›Reine Victoria‹ (›Königin Viktoria‹) biegen sich die Zweige unter der Last der Früchte. Das »Cottagebeet« wird überragt von einer 3 m hohen Rispenhortensie (*Hydrangea paniculata*) mit kleinen, milchweißen Dolden und zeigt an, dass der Höhepunkt des Gartenjahres überschritten ist. In der Kombination mit rotem Wasserdost (*Eupatorium maculatum* ›Atropupureum‹) und blauen Kugeldisteln (*Echinops*) setzt ein bronzeblättriger Fenchel mit seinen zartgelben Dolden besondere Farbakzente. Insgesamt aber fehlt dem Garten jetzt die Frische des ersten Halbjahres. Die »Hundstage« im Juli erdrücken alles mit ihrer Hitze. Täglich müssen jetzt die Kübelpflanzen gegossen werden, und uns wird bewusst, dass wir im Mai wieder einmal zu maßlos eingekauft haben. Neben Wasser muss auch für eine regelmäßige Düngung gesorgt werden. Wie jedes Jahr versichern wir uns gegenseitig, dass wir im nächsten Jahr auf gar keinen Fall die Zahl von 70 Töpfen und Gefäßen überschreiten wollen, wissen aber im Grunde schon, dass dieser Vorsatz sich in der Frühlingsluft des nächsten Jahres verflüchtigen wird.

Es hat eben auch seinen Reiz, an diesen langen, milden Sommerabenden, wenn die Dämmerung nur zögernd einsetzen will, allen Töpfen und Trögen mit der Gießkanne einen Besuch abzustatten. Dabei erfreuen wir uns an den einzelnen Pflanzen und genießen die sommerliche Atmosphäre. Nur die tägliche Routine stört ein wenig, und die innere Ruhe, einen solchen Sommerabend auf einem unserer Sitzplätze zu verbummeln, will sich nicht einstellen.

Trotzdem machen wir es uns abends oft genug im Freien gemütlich, denn wir wissen, dass die insgesamt gut versorgten Pflanzen auch eine Nacht auf Wassernachschub warten können. Doch wird jeder Gärtner diesen Zwiespalt aus eigener Erfahrung nachempfinden können.

Die Ernte nimmt kein Ende

Bei jedem Gang durch den Garten lacht uns eine andere Frucht im erntereifen Zustand an. Als würde Flora ein barockes Füllhorn über uns ausschütten, müssen wir aufpassen, dass wir nicht von dieser Fülle erschlagen werden. Die kleinen Gurken zum Beispiel sind auf den Punkt zu ernten, um süß-sauer eingelegt zu werden. Aus den Tomaten, die nicht gleich verzehrt werden können, kochen wir Tomatenmus, das tiefgefroren jederzeit für eine Tomatensuppe bereitsteht. Weil die Pflaumen zu unseren Lieblingsfrüchten gehören, gibt es sechs verschiedene Sorten im Gelände. Ab Mitte August können wir bei unseren täglichen Rundgängen durch den Garten immer wieder an einzelne Bäume herantreten, um gleich an Ort und Stelle frische, reife Früchte zu genießen. Natürlich kochen wir von ihnen

In manchen Jahren fällt die Mirabellenernte überreich aus. Bereits das Ernten dieser schönen Früchte macht viel Spaß, vom Verzehren ganz zu schweigen.

Stangenbohnen verarbeiten wir nach traditioneller Art zu Salzbohnen. Obwohl noch Hochsommer ist, denken wir bereits an die Wintervorräte.

auch die verschiedensten Marmeladen. Eine alte gelbe Pflaumensorte, die wir aus Wurzelausläufern gezogen haben, liefert eine Marmelade, die etwas an Aprikosen erinnert. Andere Pflaumenmarmeladen werden mit Minzblättern oder Zimt verfeinert. Wir machen auch stets Mirabellen und Renekloden nach alter Art in Einweckgläsern ein. Ein solches Kompott rundet, besonders im Winter, ein deftiges Mittagessen mit einer frischen Note ab. Es passt beispielsweise sehr gut zum Sauerkraut aus eigener Herstellung, dem wir mit Weinblättern und Wacholderbeeren eine Qualität verleihen, die es im Handel so nicht gibt. Zu den bäuerlichen Mittagsgerichten gehören auch die »Salzbohnen«. Dazu werden Stangenbohnen mithilfe einer kleinen Maschine in feine Streifen geschnitten und dann in einem Tongefäß mit Salz schichtweise konserviert. Früher stand in unserer Gegend in jedem Bauernhaus ein solcher, etwas streng riechender Bohnentopf. Für die kindliche Nase war das kein Wohlgeruch und so gehörte dieses Gericht nicht gerade zu den Delikatessen des gebürtigen Niederrheiners. Einem »unbelasteten« Stadtkind wie Klaus Bender dagegen fiel es leichter, diese Tradition wieder aufleben zu lassen, allerdings in abgewandelter Form. Zum einen werden heute Tontöpfe angeboten, deren Deckel durch einen Wasserring luftdicht verschlossen sind. So dringen kei-

Auch frisch eingeweckte Mirabellen füllen die Vorratskammer. Nach einer deftigen Wintermahlzeit sind sie ein willkommenes, frisches Kompott.

ne säuerlichen Gärungsdüfte mehr nach außen. Und während früher mit den »Salzbohnen« ein Stück Zinkblech mitgekocht wurde, damit die kräftig grüne Farbe erhalten blieb, verzichten wir heute auf solche Beigaben. Mit Sicherheit (und vielleicht zum Glück) hat nie ein Lebensmittelchemiker untersucht, welche Prozesse bei dieser Zubereitungsart ablaufen. Wir haben uns dafür entschieden, das noch im Haus vorhandene Altmetall zu entsorgen und kochen die Bohnen lieber ohne Zinkzusatz. Sie bilden neben Sauerkraut und Grünkohl das dritte für uns wichtige Wintergericht.

All die beschriebenen Ernte- und Konservierungsarbeiten stehen in der zweiten Augusthälfte an. Es ist noch Sommer und manchmal brütend heiß. Trotzdem bereiten wir uns schon auf den Winter vor, und es ist ein gutes Gefühl, wenn sich die Vorratskammer langsam füllt. Sicherlich ist hierbei reichlich Nostalgie im Spiel, aber die Möglichkeit, durch den Garten alle Jahreszeiten mit ihren eigenen Abläufen intensiv wahrzunehmen, ist natürlich auch Ausdruck unseres Lebensstils.

Die letzten blühenden Höhepunkte des Sommers

Langsam wird die Atmosphäre im gesamten Garten zwiespältig. Der Lavendel verblasst, die Rosen verblühen und nur noch vereinzelt leuchtet eine Taglilien-

Das »Schnibbeln« der Stangenbohnen mithilfe eines Gerätes aus der Zeit vor dem I. Weltkrieg ist Nostalgie pur.

blüte wie ein heller Stern über dem Wiesengelände. Nur noch wenige Stellen im Garten sind bemerkenswert. Die Kombination von Akanthus (*Acanthus mollis*) und Phlox ist eine davon. Letzterer hat sich bei uns durch eine Mutation von *Phlox paniculata* gebildet und blüht länger als zwei Monate. Seine Blüten sind von einem kräftigen Rosa, was hervorragend zu dem metallischen Farbspiel des großen *Acanthus* passt. Dessen Blütezeit, vom langsamen Aufblühen der Knospen bis zur Samenreife, ist übrigens ebenso lang. Wir haben »unseren« Phlox auch bei Gartenfreunden mit völlig unterschiedlichen Bodenverhältnissen getestet, wo er ebenfalls durch seine lange Blütezeit auffällt. In bewundernswerter Gleichmäßigkeit schiebt dieser Sämling Knospen nach, bis nach etwa zwei Monaten wie bei einem verlöschenden Feuerwerk die Blüten langsam weniger werden.

Auch die letzte Baumblüte des Gartenjahres zieht für einige Tage die Blicke auf sich. Die breit ausladende Krone eines Trompetenbaumes (*Catalpa bignonioides*) ist mit den weißen Doldenblüten schon von Weitem sichtbar, da der Baum exponiert auf der höchsten Stelle des Grundstücks, hinter der halbrunden Mauer, steht. Nach der Blüte schauen wir immer etwas besorgt auf diese Pflanze, da Ende Juli bis Anfang August häufig eine bisher unbekannte Pilzkrankheit ganze Äste befällt. Innerhalb von Stunden werden Blätter herbstlich gelb und braun, manche sogar schwarz. Einzelne Äste verlieren vollkommen ihr Blattwerk und erst im nächsten Jahr zeigt sich, ob diese befallenen Zweige überhaupt wieder austreiben. Wenn wir Glück haben, sind nur die dünneren äußeren Äste abgestorben. Die Krankheit des Trompetenbaumes tritt erst seit einigen Jahren auf. Sie zeigt, dass auch unser Garten keine Insel in einer an vielen Stellen kränkelnden Natur ist. Es bedrückt uns, wenn die Straßenbäume keinen geschlossenen Schatten mehr werfen, sondern ihr Blattwerk so locker ist, dass die Sonne hindurchscheinen kann. Dazu kommt unsere Beobachtung, dass die Pflaumenbäume in unserem Garten immer früher ihre Blätter verlieren und schon ab Mitte September kahle Äste aufweisen.

Der Garten und wir machen Urlaub

Die weißen Lilien verblühen nun und die Sommerpause beginnt. In den nächsten drei Wochen, in der Regel sind es die ersten drei Augustwochen, hat unser Garten keine einnehmende Atmosphäre mehr. Inzwischen akzeptieren wir diese Tatsache und machen in dieser Zeitspanne zwei Wochen Urlaub. Es kommt uns wie eine Überdrussreaktion vor, dass die Natur nach all dem Blühen, Wachsen und Reifen eine Zwischenpause einlegt, obwohl wir durch gezieltes Pflanzen versucht haben, dem entgegenzusteuern. Sicherlich hängt die Blühpause damit zusammen, dass es in unserem Garten nur wenige einjährige Sommerblüher gibt. Aber selbst in den Bereichen, wo Raum für sie vorhanden wäre, konnten wir den Bann nicht brechen. So können wir in diesen Tagen den Garten ruhig sich selbst überlassen und »abschalten«, denn wie bei jeder intensiven Beziehung ist etwas Distanz schon einmal nötig.

*links: Das »Cottagebeet« im Hochsommer, in dem die bunte Pflanzenmischung von einer fast 3 m hohen Rispenhortensie (*Hydrangea paniculata*) überragt wird.*

unten: Auf dem Beet im Innenhof sind die weißen Weidenröschen in die Höhe geschossen. Besonders reizvoll wirken sie, wenn ein leichter Wind sie bewegt.

Sanfte Melancholie

Die Zeit der farbkräftigen Herbstzeitlosen und flammenden Spätsommerstauden, der herbstlichen Früchte und der vielen Ideen für das kommende Gartenjahr

Wie eine Musik, von der zunächst nur wenige Töne aus weiter Ferne zu hören sind, bis sie dann näher und näher kommt und eine Melodie zu erkennen ist, so beginnt die letzte große Zeit in unserem Garten.

Es sind die lilarosa Blütenkelche der Herbstzeitlosen (*Colchicum*), die sich Ende August vereinzelt aus der Erde schieben. Mit jedem Sonnentag werden es mehr und mehr, und wir wissen nun, dass das Gartenjahr zu seinem herbstlichen Finale anhebt. Kalendarisch ist noch Sommer, aber in unserem Garten beginnt eine Zeit, in der Altweibersommer und Frühherbst zu einer eigenen Epoche verschmelzen. Es sind die Farben Lilarosa, Mauve, Blau und Blauviolett, die zusammen mit den veränderten Lichtverhältnissen und den ersten gefärbten Blättern diese Zeit prägen. Eine genießerische Melancholie bestimmt die Atmosphäre. Jeder schöne Sonnentag wird jetzt ganz intensiv erlebt, im Bewusstsein, dass ein erfülltes Gartenjahr zu Ende geht.

Die vorangegangenen letzten Augustwochen waren nicht sehr gartenfreundlich. In unserer Region gibt es in diesem Monat seit Jahren sehr heiße Tage mit extrem hoher Luftfeuchtigkeit, die alles matt und kraftlos werden lässt. Dazwischen liegen Regentage mit hohen Niederschlagsmengen. Jegliche Gartenarbeit wird zur Plage, weil jeder Handgriff Schweißperlen erzeugt. Zudem ist dem Garten alle Atmosphäre abhanden gekommen. Dann verreisen wir oder treiben uns, wenn es nicht regnet, auf den verschiedenen Plätzen in unserem Garten herum. Dabei »übersehen« wir schon einmal das Franzosenkraut, das unsere Lustlosigkeit zu ungebremstem Wachstum nutzt. Bänke und Liegestühle fangen unsere Schlaffheit auf; wir lesen oder freuen uns über jeden Besucher, der uns von notwendigen Arbeiten abhält.

Kleine Knollenpflanzen mit großer Wirkung

Mit den ersten Herbstzeitlosen verändert sich diese Stimmung. Die Luft wird klarer und trockener. Die Ergebnisse einer zweistündigen Gartenarbeit sind sofort zu sehen und spornen uns zu weiteren Aktivitäten an. Überall zieht wieder Farbe und Leben im Garten ein. Den Startschuss geben die lilarosa Blüten von *Colchicum byzantinum* (früher *Colchicum autumnale*

links: Die üppigen Arrangements von Blumen und Früchten, die wir selbst zusammenstellen, geben die Atmosphäre der frühen Herbsttage wieder.

rechts: An der Böschung oberhalb der Narzissenwiese ist eine Fläche so dicht mit Herbstzeitlosen bepflanzt, dass ihre strahlenden Farben über weite Bereiche des Gartens sichtbar sind.

Die großen Blütenkelche der Herbstzeitlosen ›The Giant‹ öffnen sich weit im Sonnenlicht.

›Major‹). Die zahlreichen Blüten kommen ohne jegliches Laub aus der Erde, die schmalen Kelche fallen allerdings leicht um. Weil die Pflanze aber so üppig blüht, ist ihre Farbe über die ganze Fläche verteilt. Eine etwa 1,5 m^2 große Fläche an einem Hang, die mit dieser Sorte bepflanzt ist, ist daher schon von weitem zu sehen. Auch die umgefallenen, am Boden liegenden Blüten tragen dazu bei, dass die ganze Fläche in einer Farbe leuchtet.

Die Muldenform des Grundstücks haben wir bei der *Colchicum*-Pflanzung so genutzt, dass sie sowohl an der tiefsten Stelle als auch an den höheren Lagen des Randbereichs konzentriert sind. Da die Herbstzeitlosen eine strahlende Blütenfarbe mit großer Fernwirkung haben, vervielfacht sich der lilarosa Farbton und wird zur Grundmelodie in diesen Septembertagen.

Zunächst pflanzten wir große Mengen der Wildform *Colchicum byzantinum*. Die Pflanzen brauchen eine möglichst freie Fläche, da sie, einzeln gepflanzt, im Laub benachbarter Pflanzen untergehen würden. Auf einer Fläche, die nur ihnen vorbehalten ist, wirken – wie oben beschrieben – auch die am Boden liegenden Blüten noch. Weil diese Blüten so zahlreich aus einer Knolle kommen, stehen auch immer einige Kelche aufrecht oder legen sich über die anderen.

Bisher haben wir mit drei verschiedenen *Colchicum*-Sorten gute Erfahrungen gemacht. Entlang des Hauptweges am Wiesenteich wächst und gedeiht in einer Reihe die Sorte ›The Giant‹. Die Blüten dieser Hybride sind, wie der Name verspricht, wesentlich größer, dafür weniger zahlreich. Wir haben sie ebenfalls in Gruppen, und zwar längs der Bergenienkante gepflanzt, wo sie lilarosa Kissen bilden und vom Bergenienlaub hervorragend ergänzt werden. Leider sind die großen Blüten dieser Sorte regenanfälliger als kleinblütige Formen und ihre Blütezeit ist auch kürzer. Doch durch ihre Größe und die Intensität der Farbe lohnt es sich immer, sie zu pflanzen.

Die gefüllte Sorte ›Waterlily‹ hat gleich mehrere Vorzüge: Sie ist kurzstielig und fällt daher nicht so schnell um. Außerdem erfreut sie durch eine lange Blühzeit, wobei die kräftig gefüllten, mauvefarbenen Blüten eine starke Farbwirkung aufweisen. Nachteil ist der hohe Einkaufspreis der Knollen. Er beträgt oft das Dreifache von *Colchicum autumnale* und reißt wahre Löcher ins Budget.

Ähnlich kostspielig ist auch die weiße Form der Herbstzeitlosen, die Sorte ›Album‹. Von ihr haben wir

Mit Herbstzeitlosen gestalten

Man muss berücksichtigen, dass die Knollen im Frühling üppige, bis zu 30 cm hohe Blätter aus dem Boden treiben. Am vorderen Rand einer Rabatte kann das störend wirken, weil das Laub Anfang Juli umfällt und langsam vergehen muss. Auf keinen Fall darf es vorher abgeschnitten werden! Nur bei der gefüllten Sorte ›Waterlily‹ ist das Laub kleiner und kompakter. Dadurch lässt sie sich besser zwischen Kleinstauden integrieren. Am schönsten wirken Herbstzeitlosen in Gruppen, wo sie ihre Farbwirkung am besten entfalten können.

Die Blütenfarben von Fetthenne und Herbstzeitlosen ergänzen sich eindrucksvoll und dominieren die Farbpalette des Wiesengartens.

nur wenige Exemplare im »Weißen Garten« verteilt, denn sie besitzen nicht die Leuchtkraft ihrer rosalila Verwandten.

Die Herbstzeitlosen werden im Juli/August gepflanzt. Da sich in unserem Garten gerade die Wildform gut vermehrt, nehmen wir alle drei bis vier Jahre den Bestand am Hang, der sich bis dahin verdoppelt hat, auf. Nach der Neupflanzung decken wir die Fläche mit Rindenmulch ab – zum einen, um den Unkrautwuchs einzudämmen, aber auch, weil der Mulch mit seiner braunen Farbe hervorragend zu den Blüten der Herbstzeitlosen passt. Der Mulch verhindert auch im Frühling, dass zwischen den Blättern der Herbstzeitlosen Unkraut aufkeimt.

Spätsommer und Herbst im Wiesengarten

Im Wiesengarten färben sich langsam die Doldenblüten der Fetthenne *Sedum telephium* ›Herbstfreude‹. Diese Staude hält dem Druck aller anderen Pflanzen stand und vermehrt sich dann noch gut, wenn sie so bedrängt steht wie hier. Es macht den Fetthennen nichts aus, wenn etwa Katzenminze in direkter Nachbarschaft steht und ihre Triebe über sie legt. Spätestens Anfang August drücken sich die festen Blütenstiele dieser *Sedum*-Sorte durch die Nachbarpflanzen hindurch Richtung Sonne. Die Farbe der Blüten ist zunächst rosarot, um dann später im Herbst in ein Rostrot überzugehen. Dieser Ton passt dann hervorra-

Die Spinnenblume, Cleome spinosa, *gehört zu den wenigen einjährigen Pflanzen in unserem Garten. Sie wirkt von Nah und Fern gleichermaßen reizvoll.*

gend zu den gelbbraunen Färbungen der herbstlichen Blätter.

Anfang Juli haben wir auf dieser Fläche bereits alle Flockenblumen zurückgeschnitten. Die dabei entstandenen Lücken wurden mit Spinnenblumen (*Cleome spinosa*) bepflanzt. Ein befreundetes Ehepaar zieht diese Einjährigen seit Jahren heran und schenkt uns gut zwei Dutzend Jungpflanzen. Diese sind Ende August fast schon 1 m hoch. Ihre fragilen Blüten sind überwiegend rosa oder lila, einige auch weiß. Diese Farben ergänzen wunderbar die Lila-Rosa-Palette in diesem Gartenteil, und ihre lockere Blütenform bildet ein Gegengewicht zu den etwas steifen *Sedum*-Pulks. Im Randbereich des Wiesengartens wuchern Herbstanemonen der Sorte ›Septembercharme‹ (*Anemone hupehensis* var. *japonica*). Ihre zahlreichen hellrosa Schalenblüten stehen auf hohen Stielen, von denen sich einige neigen und so eine lockere Blütenwolke bilden. Ebenfalls am Rand steht der über zwei Monate blühende, rosa Phlox und der imposante Akanthus, der mit seinen bräunlichen Samenkugeln noch sehr ansehnlich ist. Das Auge des Betrachters wird aber immer wieder von den leuchtenden Blüten der Herbstzeitlosen in den höher gelegenen Randbereichen angezogen. Alle anderen Blüher füllen die Mulde dazwischen und variieren diesen farblichen Grundton. Wenn dann noch klare, strahlende Septembertage diese Farbnuancen zum Leuchten bringen, liegt über unserem Garten die Stimmung eines sanften, versöhnlich ausklingenden Finales. Man spürt das Ende des Gartenjahres, jedoch ohne Bedauern, weil nach der überbordenden und manchmal erdrückenden Fülle der vergangenen Wochen ein sanfter Abschluss die Ruhezeit des Winters einleitet.

Abschiedsstimmung im kleinen Rahmen

Ein versteckter Gartenraum wiederholt diese Grundstimmung noch einmal auf kleiner Fläche. Zwischen Garagenzufahrt und Mittelweg liegt ein kleines, tra-

Im Schatten des großen Kirschbaumes wiederholen sich die Farben des Frühherbstes: Lilienträuben (Liriope muscari) *bilden zusammen mit Herbstalpenveilchen und Herbstkrokussen einen dichten Teppich.*

pezförmig zugeschnittenes Beet, beinahe durch Zufall entstanden. Ein großer Kirschbaum überragt weite Teile des Beetes und versorgt ihn mit lichtem Schatten. Ein Pfaffenhütchen (*Euonymus alatus*) und eine kompakt wachsende Purpurmagnolie (*Magnolia liliiflora* ›Nigra‹) bilden den Strauchbestand. Dazwischen wachsen einige *Hosta*, *Helleborus* und die wie Gras wirkenden Büschel von *Liriope muscari*. Letzteres Liliengewächs ist auch als Lilientraube oder Schlangenbart bekannt. Jetzt im Spätsommer tauchen überall, erst einzeln, dann immer dichter werdend, die zarten Blüten der Herbstalpenveilchen (*Cyclamen hederifolium*) auf. Sie werden mit jedem schönen Tag mehr, blühen bis Ende Oktober oder sogar bis in den November, um dann den ganzen Winter über die schön gezeichneten Blätter zu tragen. Aus den Blattbüscheln der *Liriope* schieben sich zur gleichen Zeit die lilablauen Blütenrispen, die bis zu 25 cm hoch werden können, hervor. Einige gefüllte Herbstzeitlose ergänzen das Bild auf diesem Beet. Etwas später kommen noch die hellblauen, an Pfeilspitzen erinnernden Knospen der Herbstkrokusse (*Crocus speciosus*) dazu. Sie sind gestreut gepflanzt worden und ergeben ein lockeres Bild, wenn sich die großen Kelche mit der orangefarbenen Narbe öffnen.

Sobald die Septembersonne diese Gartenpartie beleuchtet, strahlt eine zauberhafte Mischung sich ergänzender Farben auf. Einzelne gelbe Herbstblätter am Boden ergänzen das Bild harmonisch.

Im Oktober färbt sich das Pfaffenhütchen leuchtend rot, doch dann sind die Herbstzeitlosen und Liriopen schon vergangen. An die Stelle der Funkienblätter, die zu diesem Zeitpunkt schon abgeschnitten werden können, treten die Blattrosetten der Alpenveilchen, die über das ganze Beet verstreut sind. Letztere vermehren sich mit den Jahren zunehmend. Die Mehrzahl der Pflanzen auf diesem Beet sind kalkliebend, sodass wir ihnen mit gezielten Gaben von Dolomitkalk gute Wachstumsbedingungen schaffen können.

Die Mischung von reifendem Gemüse, sich rot färbenden Tomaten und bunten Sommerblumen strahlt bis weit in den September hinein ländlichen Charme aus.

Die Früchte des Herbstes

Der Gemüsegarten ist Anfang September noch einmal sehr ansehnlich. Da die Stangenbohnen etwas später, Anfang Juni, gelegt worden sind, können sie noch bis in den September hinein geerntet werden. An eine der Stangen haben wir Prunkwinden (*Ipomoea tricolor*) gepflanzt, die zwischen den Bohnen emporranken und mit strahlend blauen Blüten verdecken, dass das Bohnenlaub langsam schlaff und gelblich wird. Die Tomaten am oberen Ende des Gemüsebeetes tragen leuchtend rote Früchte. Gleich dahinter befindet sich die Stützmauer aus Backsteinen, die die Wärme der Septembersonne auffängt und an die Tomaten weitergibt. Die Birnenquitte färbt ihre großen Früchte strahlend gelb, und die Rote Sternrenette ist so gepflanzt, dass ihre Krone die Hecke, die den Gemüsegarten begrenzt, überragt. Ihre roten Äpfel gehören zu diesem herbstlichen Bild, ebenso wie die blauen Zwetschgen.

Die Gemüsebeete sind wieder gefüllt. Alle Lücken, die durch die Ernte entstanden sind, wurden mit Herbst- und Wintergemüse bepflanzt. Blaugrüner Porree steht in Reihen neben den kräftig grünen Rosetten des Grünkohls. Natürlich gibt es auch wieder ein Salatbeet, auf dem die dunkelroten Salate besonders gut wirken. Dazwischen steht eine Reihe mit Buschbohnen. Ab Mitte Mai werden alle drei Wochen neue Bohnen gelegt, sodass wir bis in den Oktober hinein frische Hülsenfrüchte zur Verfügung haben. Der Sellerie hat mit seinem kräftigen, dunkelgrünen Laub die Reihen

Der Herbst wartet mit Delikatessen auf

Eine Augenweide im »Purpurgarten« ist zu dieser Zeit der Zierapfel ›Liset‹. Seine kleinen, pflaumengroßen, weinroten Früchte haben eine vollkommene Apfelform. Zu dieser Zeit lässt sich eine festliche Tafel stimmungsvoll dekorieren, wenn wir auf die Mitte der steinernen Tischplatte einen Fries von Weinlaub, Weintrauben, ersten Nüssen und Kastanien legen – und als Blickfang dazu die winzigen Äpfelchen dazugeben. Sie eignen sich aber nicht nur zur Dekoration, sondern schmecken zudem, wenn auch etwas mehlig, äußerst aromatisch. Aus ihrem Saft bereiten wir Apfelgelee, dem wenige Minzblätter ein besonderes Aroma verleihen.

Wenn das Laub des Pfaffenhütchens aufleuchtet, beginnt die letzte Phase des Gartenjahres. Auch die reifen Kürbisse zeigen das nahende Ende der Gartensaison an.

geschlossen und verhindert einen lästigen Unkrautbewuchs. Das Spargelkraut ist bis zu 1,80 m hoch aufgeschossen. Einige Sonnenblumen, die wir so ausgesät haben, dass ihre Blütezeit im August und September liegt, überragen den gesamten Gemüsegarten.

Weiterhin bringen einige Reihen mit Sommerastern (*Callistephus chinensis*) Farbe in die Gemüsebeete. Meist säen wir im Mai drei oder vier verschiedene Sorten aus, die jetzt, im September, besonders effektvoll sind. Die dicken, gefüllten Blütenköpfe der Prinzessastern gehören ebenso dazu wie die einfachen, an Margeriten erinnernden Chinaastern. In manchem Jahr kommen auch andere Sorten oder Farbkombinationen dazu, entweder in Rosa oder in Weiß. Blaue Töne fügen auch die Ritterspornpflanzen in den Anzuchtreihen bei, die zum größten Teil ein zweites Mal blühen.

Wenn die Ernte weitgehend abgeschlossen ist, reift noch eine besondere Delikatesse im Verborgenen. Es sind die unansehnlichen, grauen Früchte der Weinbergpfirsiche. Über Generationen hinweg wurden bei uns durch Auslegen der Kerne immer wieder neue Bäume nachgezogen. In den Frühlingstagen hat uns die rosa Blütenpracht der Pfirsichbäume erfreut, und wenn kein Frost den Fruchtansatz zerstört hat, werden ab Mitte September die Früchte reif. Unter der mausgrauen Haut haben sie ein dunkelrotes Fruchtfleisch gebildet. Sie werden größtenteils mit Zuckerwasser eingeweckt und entfalten dann als Kompott ihr einmaliges Aroma. Aus den beschädigten Früchten kann man eine ebenso köstliche Marmelade kochen. Einige Früchte werden zusammen mit den Kernen und Kandiszucker in Grappa aufgesetzt und ergeben einen herrlichen Likör.

Auch andere Früchte wollen wir noch verarbeiten, doch jetzt drängt die Zeit nicht mehr so wie im Juli. Alles wird der Reihe nach erledigt, denn wir sind jetzt wesentlich gelassener. Wenn die Quitten reif sind, können sie durchaus eine Woche oder länger lagern, bis aus ihnen Gelee und Mus wird. Dann zieht ihr würziger Duft durch das ganze Haus. Aus diesem Grund halten wir auch immer einige Früchte zurück, selbst auf die Gefahr hin, dass sie dann nicht mehr zu verwerten sind.

Die herbstliche Stimmung einfangen

Der Herbst ist für uns die Zeit, Blumen ins Haus zu holen. Während des Sommers haben wir uns viel im Garten aufgehalten, und zu dieser Jahreszeit halten die abgeschnittenen Blumen im Haus sowieso nur kurze Zeit. Außerdem werden die Fenster, die zum Garten hinaus liegen, in den verschiedenen Blühphasen zu impressionistischen Bildern. Dann verweisen wir unsere Gäste gern auf unsere lebendigen, monatlich wechselnden »Monets«. Jetzt im Herbst ändert sich das. Es lassen sich Gestecke und Sträuße fertigen, die die Jahreszeit atmosphärisch wiedergeben. Die rosaroten *Sedum*-Dolden können gut mit blauen Prinzessastern kombiniert werden. Einige kleine Blüten der Glattblattaster lockern den Strauß auf. Im passenden Gefäß dekoriert, entsteht durchaus ein barocker Eindruck. Efeu, der jetzt seine Blüten trägt, ist die Grundlage für viele Variationen herbstlicher Sträuße und Gestecke. Einige Blütenstiele der schwarzroten Rosensorte ›Schwarze Madonna‹, die wir zum Schnitt angepflanzt haben, wirken im Efeu besonders gut. Auch mit Samenständen, Früchten sowie buntem Laub bieten sich viele Gestaltungsmöglichkeiten an und verwandeln einen Strauß oder ein Gesteck zu einem kleinen Stillleben.

rechts: Auch die Zeit des Vergehens hat im Garten ihren eigenen Reiz. Hier ergänzen die roten Blätter des Hartriegels das Gelb der Funkie.

unten: Die Farben des Herbstes legen sich über alle Teile des Gartens.

Der Herbst sagt ade, der Winter naht

Die Blätter färben sich und werden nach und nach abgeworfen. In manchen Jahren gibt es intensivste Herbstfarben, während in anderen Jahren starker Herbstwind die Blätter frühzeitig von den Bäumen und Sträuchern weht. Lediglich unsere drei Eichenbäume und die Rotbuchenhecken behalten hartnäckig ihr Laub bis zum Frühjahr und tragen dazu bei, dass der Garten nie kahl wirkt.

Bevor es so weit ist, blühen an verschiedenen Stellen noch späte Stauden. Im »Weißen Garten« herrschen ab Mitte September überwiegend Grüntöne vor, jedoch mit zahlreichen weißen Tupfern gesprenkelt. Hierbei handelt es sich um die nachblühenden Rosen ›Schneewittchen‹ und ›Swany‹. Auch die weiß blühende Herbstanemone ›Honorine Jobert‹ hat ab Mitte September ihre Blütezeit. Ihre bis zu 1 m hohen Stiele tragen zahlreiche weiße Schalenblüten. Diese Sorte hat sich über eine Fläche von 2 m^2 verteilt und setzt in den späten Septembertagen einen würdigen Akzent. Nur wenig später schieben die Oktobersilberkerzen (*Cimicifuga simplex*) ihre an kleine Flaschenbürsten erinnernden Blütenkerzen nach. Darüber ragt die strahlend weiße Oktobermargerite (*Leucanthemella serotina*). Diese drei Herbststauden werden umrahmt von der Eichenblättrigen Hortensie (*Hydrangea quercifolia*), deren dekorativ gezacktes Laub bereits eine gedämpfte dunkelrote Farbe angenommen hat. Die Weidenblättrige Birne (*Pyrus salicifolia*) ergänzt mit ihrem silbrigen Laub diesen Gartenteil. Dieser Abschnitt ist kein weiterer Höhepunkt im Garten, sondern stellt lediglich ein Aufleuchten vor dem endgültigen Ende der Vegetationsperiode dar.

Die reifen Birnenquitten warten auf ihre Verarbeitung. Sie sind die letzten Früchte, die der Garten im Jahr liefert.

Für Sommerblüher, die bis zum Frost blühen, haben wir keinen Platz. Lediglich an einer Ecke des »Weißen Gartens« können einige Wandelröschen (*Lantana camara*) in der passenden Farbe wachsen. Sie füllen den Raum zwischen Rhododendren und der breitwüchsigen Radspiere (*Exochorda*), die zur einen Seite hin von einem säulenförmig geschnittenen Spindelstrauch (*Euonymus*) mit weißgrünem Laub flankiert wird. Dazu passen im Hintergrund die Funkien mit den weiß geränderten Blättern. Dieses Wechselspiel von verschiedenen Formen und sparsamen Weißtönen strahlt eine besondere Ruhe aus.

Nun kommen die vielen Findlinge wieder zur Geltung, die wir zur Gestaltung des »Weißen Gartens« eingesetzt haben. Einige Pflanzen sind bereits zurückgeschnitten worden und geben die Formen und Bestandteile der Steine wieder frei, die zum Teil mit Moos überwachsen sind. Die große, graue Schieferplatte direkt am Teich passt sehr gut zur Wasserfläche und bildet einen Kontrast zur Kiesfläche im Vordergrund. Die Bepflanzung tritt jetzt zurück und die Grundstrukturen des Gartens werden langsam wieder sichtbar.

Auch der Gemüsegarten leert sich zum großen Teil. Das Gerüst für die Stangenbohnen wird abgebaut und alle Sommerblumen sind mit dem Oktoberregen vergangen. Sellerie, Rote Bete, Möhren und Pastinaken werden in Sandkisten frostfrei eingelagert. Lediglich

Porree, Grünkohl, Feldsalat und Schwarzwurzeln stehen noch in ihren Reihen. Auch die letzten Kohlköpfe werden ins Haus geholt. Der Endiviensalat steht uns bis zum ersten Frost zur Verfügung. In den letzten Jahren trat der erste nennenswerte Frost erst in der zweiten Dezemberhälfte auf und bis dahin war auch der Endiviensalat abgeerntet. Die Beete werden nach und nach von Unkraut befreit, und jetzt tritt auch im Gemüsegarten die Struktur der Anlage wieder hervor. Die geraden Linien der *Buxus*-Hecken werden sonst von der prallen Bepflanzung der Beete mit Gemüse und Blumen abgeschwächt. Zusammen mit der Stützmauer aus alten Feldbrandsteinen und der Rotbuchenhecke wird der formale Charakter dieses Gartenteils nun hervorgehoben.

Im »Weißen Garten« trotzen die edlen Schalenblüten der Herbstanemone ›Honorine Jobert‹ der allgemeinen Herbststimmung.

Den Winter verkürzen

Langsam gleiten alle Gartenräume in die Winterruhe. Für uns Gärtner tritt diese Pause aber mit Verzögerung ein und gilt nur eingeschränkt. Der Herbst, insbesondere der Spätherbst, ist die Zeit, in der das nächste Frühjahr vorbereitet wird. In unseren Köpfen entstehen während eines Gartenjahres immer wieder Bilder und Perspektiven für das kommende Jahr. Der tägliche Rundgang hat uns Schwachstellen aufgedeckt, die wir verändern wollen. Auch Anregungen, die über andere Gärten entstanden sind, möchten wir umsetzen. So haben wir uns seit zwei Jahren das Ziel gesetzt, einen »Februargarten« zu gestalten. Das Ausbleiben eines richtigen Winters mit Schnee und längeren Frostperi-

Neue Ideen für den Winter

Der »Februargarten« soll keinen neuen Gartenraum darstellen, sondern den Vorfrühling zu einer eigenen Phase im gesamten Gelände werden lassen. Unsere niederländischen Nachbarn nennen diese Zeit »het voorjaar« und in den Schulen finden im Februar »Krokusferien« statt. Die wörtliche Übersetzung von »voorjaar« bedeutet »vor dem Jahr« und meint die Zeit vor dem Frühling, die Wochen und Tage des ungeduldigen Wartens auf diese Jahreszeit. Diese Periode soll mit einem dezenten Blütenflor im ganzen Garten unsere Wartezeit verkürzen und Ouvertüre zum eigentlichen Frühling sein. Die Atmosphäre eines sonnigen, frostfreien Februartages soll seine gärtnerische Entsprechung finden.

Tulpenzwiebeln sind im Herbst bereits die Vorboten des kommenden Frühlings und wollen jetzt in die Erde.

oden in unserer Region hat diese Idee reifen lassen. Wir konnten beobachten, dass alle *Helleborus*-Arten schon im Januar mit der Blüte beginnen. Die Christrose (*Helleborus niger*), die wir früher zur Weihnachtszeit nur vorgetrieben im Handel erwerben konnten, blüht jetzt oft schon zum 1. Advent in unserem Garten. Zu diesem Zweck haben wir eine Liste mit winterblühenden Sträuchern zusammengestellt und überlegt, wo der Garten dafür noch Platz bietet. Denn wir waren überrascht, wie umfangreich diese Liste geworden ist. Außerdem bieten sich noch verschiedene Zwiebelblumen mit einer frühen Blütezeit an. Nun probieren wir in jedem Jahr einige Pflanzen dieser Liste aus.

Auf die Obstwiese mit Hanglage sind schon einige Hundert Elfenkrokusse (*Crocus tommasinianus*) gepflanzt worden. Auf den Hochbeeten oberhalb des Gemüsegartens haben sich die frühen Zwergiris (*Iris reticulata*) bereits bewährt, zusammen mit der Krokussorte ›Prins Claus‹ (*C. chrysanthus*). Diese verschiedenen Blautöne passen gut zueinander und stehen auch optisch in Verbindung, weil die Erde und das Strauchwerk noch ohne Grün sind. Auch im Purpurgarten passen die frühen Zwergiris gut zu den roten Blättern der *Heuchera* und sind dort mit lilarosa *Crocus tommasinianus* ›Ruby Giant‹ kombiniert. Rote *Helleborus* wiederum erzielen einen besonderen Effekt, wenn sie vor den winterroten Ästen eines *Cornus alba* ›Sibirica‹ stehen. Die Standorte der winterblühenden Sträucher müssen so gewählt werden, dass sie in späteren Gartenzeiten nicht störend wirken oder anderen Pflanzen den Platz streitig machen.

Es ist wie ein kleines Abenteuer, zu sehen, wie die Idee des »Februargartens« mit jedem Jahr reift. Immer wieder kommen neue Ideen dazu, wie die erfolgreiche Kultur der Orientalischen Nieswurz (*Helleborus orientalis*) in Terrakottatöpfen. Diese können wir auf den Terrassen rund ums Haus so aufstellen, dass sie von innen zu sehen sind. Bereits fünf bis sechs dieser blühenden Töpfe reißen eine Terrasse aus ihrer Winterstarre. Neuerdings werden sie von einer frostharten Kamelie ergänzt, deren Blütezeit auch schon im Februar beginnt. Seit zwei Jahren zeichnen sich die Konturen dieses Konzeptes immer deutlicher ab, und wir können schon im Februar durch einen blühenden Garten gehen.

Leider haben wir noch keine Lösung für den »Gelben Hügel« gefunden. Die dort gepflanzten Gelben Vorfrühlingsiris (*Iris danfordiae*) und die frühen *Crocus ancyrensis* fallen den Amseln sofort ins Auge und ihren Schnäbeln zum Opfer. Jede sich neu öffnende Blüte wird von den eifrigen Schwarzröcken zerrupft.

Die Schneeglöckchen, die zu Hunderten im »Weißen Garten« für einen Blütenflor sorgen, gedeihen dagegen vollkommen problemlos und haben uns bisher nie enttäuscht. Die Temperaturen zu dieser Jahreszeit waren in den letzten Jahren mild. Zwar gab es Frostnächte, aber kein längerer Dauerfrost hat uns dieses Konzept verdorben. Der Traum von der winterblühenden blauen Iris (*Iris unguicularis*, früher *Iris stylosa*), die von Vita Sackville-West beschrieben wird, könnte mit etwas Glück einmal diese Idee krönen.

Winterzeit ist Ideenzeit

Der Winter ist eine ausgesprochen kreative Zeit. Die Struktur des Geländes ist wieder deutlich erkennbar. Linien mit Hecken und Wegen bestimmen das Bild und die Geländeform tritt deutlich hervor. Das Wachstum des vergangenen Jahres hat Bäume und Sträucher verändert und oftmals müssen daraus Konsequenzen gezogen werden. Eine Gruppe von Rhododendren sollte neu geordnet werden, damit die Größenstaffelung wieder stimmt. Baumkronen müssen durch gezielten Schnitt wieder in Form gebracht werden.

Aber der Winter ist vor allem die Zeit, in der über Veränderungen im Garten nachgedacht werden kann. Die Bilder der vergangenen Saison sind noch in unseren Köpfen gespeichert und der winterliche Garten mit seinen sparsamen Farben und Formen regt an, für das neue Gartenjahr neue Bilder zu entwerfen. In der Regel sind dies keine gravierenden Dinge, eher Akzentuierungen vorhandener Elemente. Zum Beispiel konnte man bisher nicht direkt an den Wiesenteich herantreten. Der Kauf zweier großer alter Granitplatten war Voraussetzung für eine neue Sitzmöglichkeit am Teich. Im Winterhalbjahr können wir nun ausprobieren, ob die Umsetzung in das Gesamtbild des Gartens passt.

»Ein Garten ist niemals fertig« – dieser Satz drückt die Erfahrung der Gartenbesitzer aus, die durch ihn in ständiger geistiger und körperlicher Bewegung gehalten werden.

Säen, Graben und Pflanzen sind die Tätigkeiten, mit denen wir die nächste Jahreszeit in unserem Garten vorbereiten.

Bezugsquellen

BÄUME UND STRÄUCHER:

Baumschulen Bollwerk
Münsterdeich 22
46419 Isselburg
Tel. 02874-21 83
(große Auswahl an *Cornus*)

Baumschulen C. Esveld
Rijneveld 72
NL-2771 XS Boskoop
Tel. 0031-1 72 21 32 89
(Internationale Baumschule mit übergroßem Angebot)

Baumschule Kretschmer
Inh. H.-P. Erkes
Eycksche Str.4
47574 Goch-Pfalzdorf
Tel. 02823-59 80
(bewährte Baumschule vor Ort mit großem Service)

ROSEN:

W. Kordes' Söhne
Rosenstraße 54
25365 Klein Offenseth-Sparrieshoop
Tel. 04121-4 87 00

Walter Schultheis
Bad Nauheimer Straße 3–7
61231 Bad Nauheim-Steinfurth
Tel.06032-8 10 13

Rozenkwekerij De Wilde
Prinses Irenelaan 14
NL-1406 KS Bussum
Tel. 0031-3 56 91 65 11

David Austin Roses Limited
Bowling Green Lane
Albrighton
GB-Wolverhampton WV 7 3 HB
Tel. 0044-19 02 37 63 71
Oder 00800-77 77 67 37

STAUDEN:

Staudengärtnerei Gräfin von Zeppelin
79295 Sulzburg-Laufen
Tel. 07634-97 16

Staudengärtnerei Klose
Rosenstr. 10
34253 Lohfelden
Tel. 0561-51 55 55

Kwekerij De Hessenhof
Hessenweg 41
NL-6718 TC Ede
Tel. 0031-318-61 73 34

Kwekerij Oudolf
Broekstraat 17
NL-6999 DE Hummelo
Tel. 0031-314-38 11 20

Tuincentrum Lottum
Keltjens
Grubbenvorsterweg 26
NL-5973 NB Lottum
Tel. 0031-7 74 63 16 74

IRIS UND HEMEROCALLIS:

Cayeux-Iris
Verbindungsbüro Deutschland
Mainzer Str. 116
66121 Saarbrücken
Tel. 0681-9 96 30

ZWIEBELBLUMEN:

Geb. Baltus
Blumenzwiebeln
Kanaalweg 83
NL-8171 LS Vaassen
Tel. 0031-5 78 57 99 99

Register

Bibliografische Information Der Deutschen Bibliothek
Die Deutsche Bibliothek verzeichnet diese Publikation in der Deutschen Nationalbibliografie; detaillierte bibliografische Daten sind im Internet über http://dnb.ddb.de abrufbar.

Originalausgabe

Text: Manfred Lucenz und Klaus Bender
Fotografien: © 2002 Jürgen Becker
Gestaltung und Satz: typocepta, Köln
Lithografie: PPP Pre Print Partner, Köln
Druck und buchbinderische Verarbeitung: Stalling, Oldenburg

ISBN 3-8320-8808-3
Printed in Germany